出版人に聞く 17

『週刊読書人』と戦後知識人

植田康夫
UEDA Yasuo

論創社

『週刊読書人』と戦後知識人　目次

第Ⅲ部

『週刊読書人』と戦後知識人

インタビュー・構成　小田光雄

第Ⅰ部

1　処女作『現代マスコミ・スター』

――今回は『週刊読書人』の植田康夫さんに登場して頂き、とても懐かしい気持ちでおります。なぜかといいますと、高校時代に植田さんの『現代マスコミ・スター――時代に挑戦する6人の男』（文研出版）という本を読んでいたからです。ですから、まずこの本をイントロダクションとしてインタビューに入っていきたいと思います。この本の出版経緯と事情はどのようなものだったんでしょうか。

植田　『現代マスコミ・スター』は僕の最初の本で、しかも書き下ろしでした。読書人に入ったのが一九六二年で、これが出たのは六八年だったたから、僕はまだ二十代でした。僕は六七年に『週刊読書人』で「〝大宅マスコミ塾〟入門記」を連載していた。それを読んだ文研出版の佐谷光保さんという編集者から一冊書いてくれないかと依頼された。

――文研出版というと児童書や実用書を出していますが、大阪の教科書や学参の新興出版社啓林館の子会社ですね。

植田　そうです。まだ独立した子会社になっていなかったかもしれないが、編集者の注文というのは、僕たちが大宅考察組の東南アジア視察旅行で会ったエビ漁業をやっている日本人に関しての一冊だった。その人のことを取材して書かないかというわけです。それで佐谷さんと話しているうちに、これは僕には向いていないし、現在を捉えるテーマとしてはちょっとちがうのではないかと思った。

それで断わろうとしたら、佐谷さんが何かいいテーマがあるのかというので、マスコミ・スターのことを話した。六〇年代になって週刊誌やテレビでトップ屋とかCMの仕事をやっていた人たちがだんだんマスコミの表舞台に出てきて、活躍するような状況を迎えていた。そういうプロセスをストーリー化することに関心があると伝えた。そうしたらそれは誰だというので、大宅壮一グループの草柳大蔵、梶山季之、三木鶏郎工房の永六輔、野坂昭如、五木寛之、いずみたくの六人を挙げた。そうしたらぜひそれを書いてほしいというので、いきなり『現代マスコミ・スター』を書き下ろすことになった。

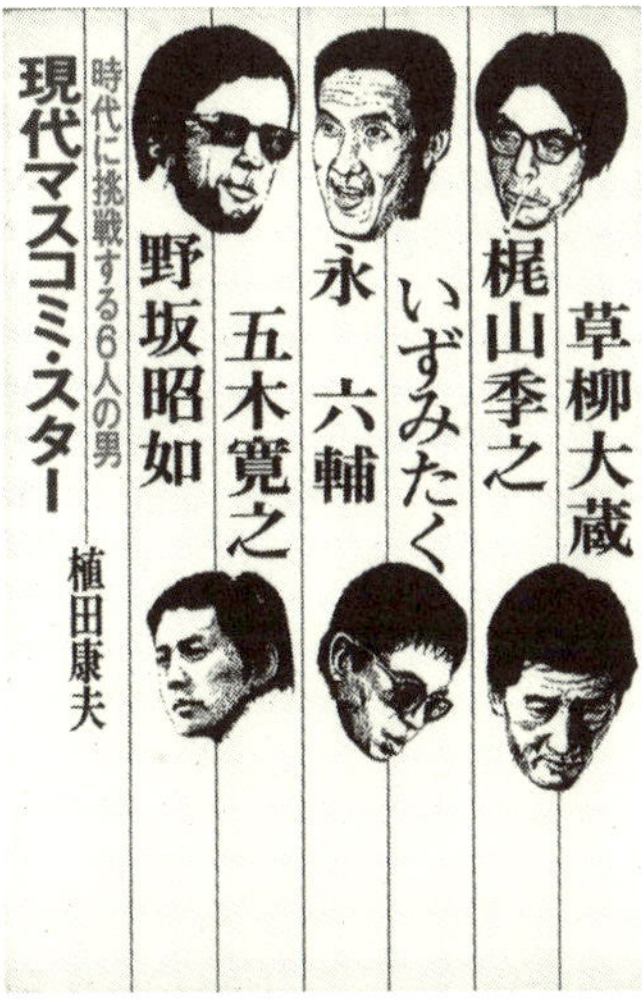

草柳大蔵
梶山季之
いずみたく
永 六輔
五木寛之
野坂昭如
時代に挑戦する6人の男
現代マスコミ・スター
植田康夫

――なるほど、当時は野坂と五木が全盛だったので、それに引かれて『現代マスコミ・スター』を読んだはずですが、他の四人のことは忘れていました。

それはともかく、読書人の仕事をしながらの初めての書き下ろしですから、とても大変だったでしょう。

2　初めての書き下ろし

植田　今だったら死んでしまいますね。読書人の仕事を終え、家に帰って食事をする。そして風呂に入って寝る。それから夜中の十二時過ぎに起きて、三時間ぐらい必死に書き、四時頃になってもう一回寝る。それを毎日繰り返し、日曜日も同様だった。とにかくウィークデーは夜しか書けないわけですから、とにかくそれを一ヵ月以上続けて、ようやく脱稿した。今だったらとても無理です。

――それはよくわかります。私も二十代末に同じ経験をしまして、脱稿したら頭に十円禿ができていた。

植田　僕の場合、それはなかったけれど、やっぱり大変でしたね。でもいきなりの書き下ろしというのはいい経験になりました。原稿を依頼する側から依頼される側になったという経験も含めて。四百字詰原稿用紙で三百枚を超える量だと思いました。とにかく半分までいけば峠を越えると考え、書き進めましたけれど、そこに至るまでが長かった。半分でも二百字詰だと三百枚ですから。

―― その際に何か参考にした本というのはあったのですか。

植田 六人を一人ずつ書き分けるのではなく、六人が同時代に生きていることを前提に、時代と社会をも包括する全体的なストーリーに仕上げるというのが狙いでした。その方法を『日本の五人の紳士』という本から学んでいた。これは一九五〇年代に出た本だと思いますが、アメリカのノンフィクションライターが書いたもので、天皇から無名の人間までが登場し、日本社会と時代の全体的なストーリーとなっている。その描き方はできるだけシーンを細かく書き、臨場感をリアルに表現していくことにあり、実はこれを範としました。それは『現代マスコミ・スター』における野坂昭如の書き出しに顕著で、彼の直木賞受賞の夜の話から始めています。だから単純に六人の人物を書き分けるのではなく、六人を書くことで同時代のそれぞれの社会をも浮かび上がらせようとしたわけです。

―― それで再刊する時にタイトルを変え、『ヒーローのいた時代―マス・メディアに

君臨した若き6人』（北辰堂出版、二〇一〇年）としたわけですね。

植田　そういうことです。

――　ところで『現代マスコミ・スター』の初版部数はどのくらいだったんですか。

植田　確か四、五千部じゃなかったかな。印税はちゃんともらいました。

――　そうですか。でもそれを地方の高校生だった私が読み、ほぼ半世紀後に巡り巡って読者たる私が著者である植田さんにこうしてインタビューしているわけですから、本当に面白いものです。ただ一九六八年の出版点数は一万七千点だから出会えたのであって、現在のように八万点も出されていたら、そうした出会いも難しかったでしょう。

植田　本当にそれはいえますね。

3　広島生まれの島根育ち

――そこら辺のことや処女作出版後のエピソードなどもうかがいたいのですが、そうしますと話の順序が異なってしまいますので、時代を少しばかり戻させて下さい。仄聞しますところ、植田さんは広島でお生まれになり、疎開で島根にいき、そこでほとんど少年時代を過ごしたと。

植田　そうです。小学校一年から高校まで、ずっと島根でした。父親が広島県の呉の海軍工廠に勤めていたけれど、戦争が終わり、そこで働けなくなってしまった。それでもともと両親は島根出身だったことから、島根へ引き揚げてきたわけです。

ところがものすごい田舎で、山代巴の『荷車の歌』（筑摩書房）に出てくる島根県と広島県との県境に近い赤名峠を下ったところにあった村で、村のはずれは中国地方で最大の江の川（ごうのかわ）に沿ったところだった。本当に山の谷間で、沢谷村（現、邑智郡美郷町）といいました。

――それが島根で住んでいたところでしたね。

――大江健三郎の初期作品の谷間の村みたいな感じですか。それに江の川のことも、まったく偶然ですが、中山辰巳という川漁師からの聞書である黒田明憲の『江の川物語』（みずのわ出版）を読んでいますので、少しは想像がつきます。

植田　それならおわかりでしょうが、とにかく小学校までは一里ぐらいあって、歩いて一時間かかる。要するに毎日二時間、往復で八キロを歩いて通っていた。

――実は植田さんの前の「出版人に聞く」シリーズ16のインタビューが、元三一書房の井家上隆幸さんで、彼は一九三四年生まれの岡山育ち、岡山大学出身です。その時代の地方独特の文化的環境というのは共通しているんじゃないでしょうか。

植田　僕は一九三九年、昭和十四年生まれですから、井家上さんより五歳下になりますが、文化的環境というのはそんなに変わっていないでしょうね。もっとも住んでいた場所によりますけれど。

――それは私たちの時代まで続いていた都市と地方の落差で、たまたま昨日ちょっと用事があり、青弓社の矢野恵二さんを訪ねた。彼は広島大出身なんです。それで井家上さんが岡山、植田さんは島根だから、矢野さんの話も聞けば、中国地方の戦後の文化的環境がわかるので、今度聞かせてくれないかと頼んできたばかりです。

4　山の谷間の生活

植田　矢野さんの世代になると、かなりちがってきているはずですが、僕らの時代には山の谷間ということもあって、周りに文化的なものはまったくなかった。当然本屋もなかった。かなり離れた川本町というところに小さな本屋があったので、その町にあり、僕も後に入学することになる川本高校に通う人に頼んで雑誌を買ってきてもらったりした。

――それもよくわかります。高度成長期以前は町と村はまったく別の空間で、消費と生産が分断されているような棲み分けになっていましたからね。

植田　それで本や雑誌を入手するためによく利用したのが郵便振替です。ただこれは結構時間がかかって、十日から二週間ぐらいかかったんじゃないかな。とにかく届くまでが待ち遠しかった記憶があります。

――郵便配達の人がくるのが楽しみだという時代は長く続きましたし、出かけても途中ですれちがったりすると、もう一度戻ったりしたといった話もエッセイなどに書かれていましたものね。

植田　あれは一種独特の楽しみだったし、僕の村では新聞も郵便配達夫がもってきていた。これは七〇年代まで続いていたようです。

それからよく覚えているのは地方定価があって、雑誌の定価が二重になっていたことですね。これは確か一九四九年から実施され、五四年に廃止されるわけですが、普通定価の五％増でした。

――　地方定価は戦後の一時期に国鉄運賃が上昇し、地方書店の返品経費などの負担を軽減するために導入されたものだった。

植田　これも高いなという印象が強かった。僕らが読んでいた『少年クラブ』という雑誌は五〇年頃に九十円だったから、地方定価だと九十五円になった。当時の金銭感覚からすれば、東京に比べてどうして五円も高いんだと思うのは当たり前でしょう。

5　旺文社のこと

――　でも郵便振替で買っても送料が必要だったと思いますが。

植田　ところが、旺文社だけは受験生向け雑誌や参考書を注文しても送料を取らなかった。だから直接購読すれば、送料なしで届いたので、旺文社に対してはいい印象があり、よく注文した思い出があります。

——さすがに旺文社は受験産業の王者だったこともあり、その余裕を示していたことになりますね。

植田　でもそのことについても少し説明しておいたほうがいいでしょう。旺文社というのは赤尾好夫の英語の受験参考書や受験雑誌『螢雪時代』を出していて、戦後の受験産業の草分けだった。特に英語ですが、戦後の最初のベストセラーが誠文堂新光社の『日米会話手帳』だったことからわかるように、とにかく売れていた。一九六一年に岩田一男の『英語に強くなる本—教室では学べない秘法の公開』（カッパ・ブックス）が最大のベストセラーになっていますが、五〇年代から六〇年代にかけても、英語に関する本は手固い出版物で、その背景には旺文社の英語のロングセラー受験参考書があったからだと思います。そうした本中心の英語が少しずつ変わっていくのはリンガフォンが入ってきたり、英会話教室ができたりしてからです。

——それは私たちの世代まで続いていまして、確か植田さんの『現代マスコミ・スター』を読みながら、赤尾の『豆単』（『英語基本単語熟語集』）を覚えたりしていましたし、それらには必ず「一冊の参考書の選択があなたの人生を決定するかもしれない」という標語が入っていた。ちょっとこれは正確かどうかわかりませんが。

植田　ありましたね。それから大学受験のための「旺文社模試」というのがあって、これで受験の合否が大体決められ、団塊の世代になると大変な受験の権威になっていた。僕は大学生時代に模試の整理をするアルバイトをした。

――そうですか。論創社の森下さんがいっていましたが、その世代の著者たちが集まったりすると、俺は「旺文社模試」で何番だったけど、お前は何番だったかというような話が今でも出るとのことですよ。

6 『読売新聞』と村松梢風『近世名勝負物語』

植田　その旺文社に続いて、同じ受験産業として学研も台頭してきていた。今はベネッセ、かつての福武書店が全盛ですから、受験産業の時代も変わったものだとつくづく思いますね。

それで思い出されるのは新聞のことです。一九五二年に『読売新聞』が大阪に進出し

『読売新聞』と村松梢風『近世名勝負物語』

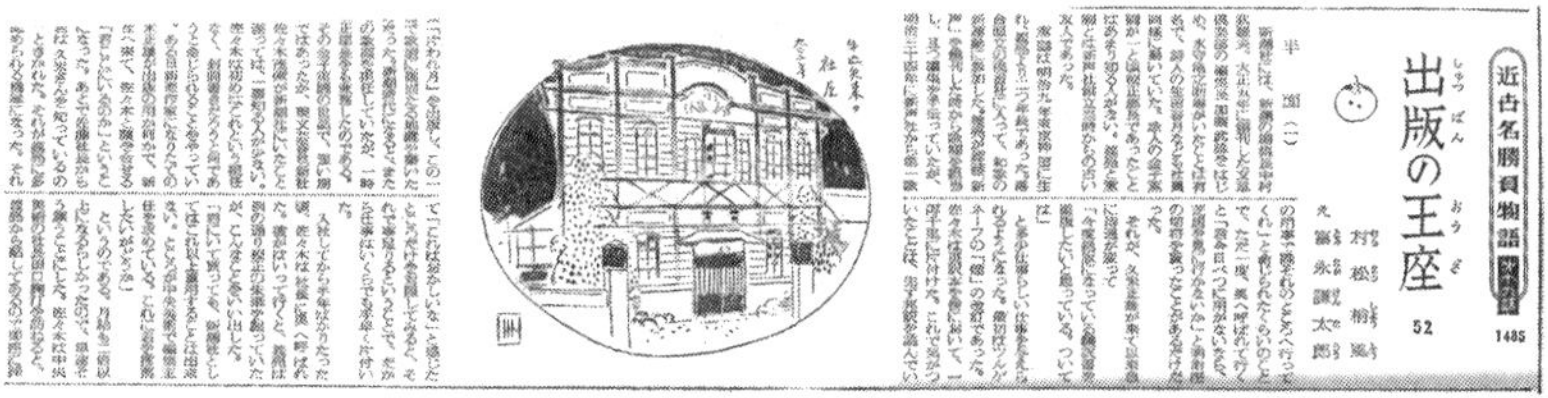
近古名勝負物語 1485

出版の王座 52

村松梢風
え 富永謙太郎

半面（一）

てきて、そこから『読売新聞』は本格的に全国紙になっていくわけです。それまでうちの田舎では地方紙の『中国新聞』や『島根新聞』（現、『山陰中央新報』）、全国紙では『朝日新聞』か『毎日新聞』だったけれど、『読売新聞』がとれるようになった。それで『読売新聞』を読むようになり、そこには村松梢風の『近世名勝負物語』という小説風の読み物が連載されていた。それが新潮社と講談社のことを描いた『出版の王座』に当たっていて、これを熱心に読み、切り抜いて保存していた。今考えると、全国紙でよくこんな読み物を掲載したなと思いますけど。そのコピーをここに持ってきました。

――もうその頃から植田さんは編集者気質が備わっていたことになりますが、それは中学生の時ですか。

植田 ええ、中学生です。僕は五二年が中学一年生ですから。

7　雑誌を発行する

――本当に植田さんの場合、新聞や出版に対して、根っからのＤＮＡが反応していたような印象を受けますが。

植田　そうですね、自分でも学校新聞をつくったりしていたので、そういったＤＮＡが僕を動かしていたんでしょうね。それから高校に入ると雑誌も出したりした。和文タイプライターで印刷すれば、活版印刷のような感じになったのですが、これはかなり高くついて、一号しか出せなかった。探したら出てきましたので、それも持ってきました。

――『青い群』ですか。三十三ページもあって立派なものじゃないですか。植田さんはトップ・エッセイの「真理は思想の相違を越えて」を書き、座談会「我が青春の恋愛観」の司会を務めている。茶化していうのではありませんが、一九五〇年代の青春の一端がうかがえます。

ところで4と表紙にありますが、これは4号ということですか。

植田　3号まではガリ版刷の『随想』というタイトルで出していたんです。それで4号

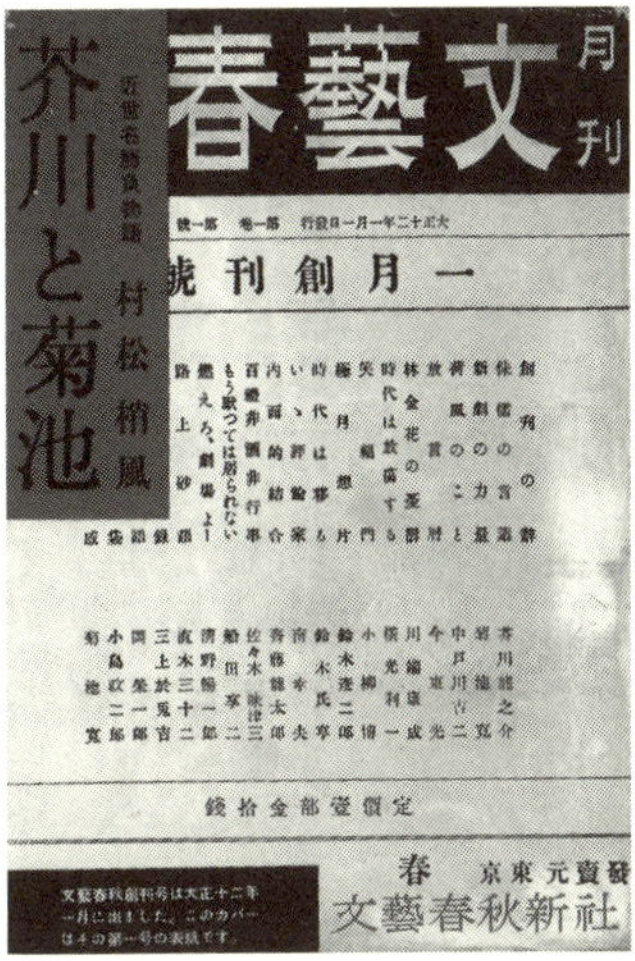

目だから3号までしか出ないカストリ雑誌の領域を脱した意味もあって、タイプ印刷にした。それで三十円の定価をつけ、先生や友達なんかに売ったのだけれど、回収が難しくて、それで『青い群』は四号だけで終わってしまったわけです。それは一九五六年のことで、高校二年だった。

村松の『近世名勝負物語』には『芥川と菊池』の連載もあって、これには『文藝春秋』は同人誌として始まったと書かれていたので、それを真似て雑誌を発行してみたいと思い、それで印刷所に頼み、タイプ印刷で出すことを試みた。ところが当たり前ですが、『文藝春秋』のようにうまくいくはずもなく、一号しか出せなかった。

――『芥川と菊池』（文藝春秋新社）はこれですね。「読売新聞好評連載」とあるし、五六年刊行だから、植田さんの『青い群』と同年に出ていることになります。

8 『玉川学習大辞典』との出会い

植田 でもこれは『読売新聞』で熟読していたので、この文藝春秋新社版では読んでいないような気がする。『芥川と菊池』で思い出されるのは中学の図書室で見つけた『玉川学習大辞典』（玉川学園出版部）の一冊で、確か『文学篇』があった。これは一冊ずつがテーマ別になっていて、昼休みに弁当を食べた後、図書室から引っ張り出してきて読んだことが印象に残っている。当時にしてみれば、これは日本文学の知識を得るためにはうってつけの辞典で、僕にとってはものすごく役に立ったという印象が強い。

――『玉川学習大辞典』は一九五一年に全三十二巻で出されたので、一九五八年の誠文堂新光社刊行の『玉川百科大辞典』全三十一巻の元版だと思います。前者を参照しようと考え、探したのですが入手できず、代わりに後者の一冊の十六巻、『西洋文芸』を見つけました。やはりこれもテーマ別編集で、植田さんが読んだ『文学篇』もこんな感じだったのではないでしょうか。

植田　そうそう、この日本文芸版です。

――　植田さんとほぼ同年の独文学者の池内紀が『少年探検隊』（平凡社）の中で、姫路市の小学校図書室での講談社版『世界名作全集』との出会いとその喜びを語っています。池内だけでなく、そういった小説などとの学校図書室での出会いはよく書かれているけれど、辞典のことはあまり語られていない。

植田　僕の場合、たまたま辞典が役立った時代だったことはありますが、確かに辞典から入るということはあまりないでしょうね。でも僕にとってはその後のことを考えると、とてもよかったと思います。そこで百科辞典で調べるということを覚えましたから。

――　でもそうした百科辞典の時代も八〇年代で終わってしまった。『玉川学習大辞典』や『玉川百科大辞典』にしても、玉川学園を創立した小原国芳が戦前に出した『児童百科大辞典』がベースになっていて、近代教育は百科辞典の時代とパラレルに歩んできたが、両者の時代がそこら辺で終わったということなんでしょうね。

9　児童雑誌『ぎんのすず』

植田　平凡社の下中弥三郎と『大百科事典』のことを考えても同様ですから、一九八〇年代における変化は『週刊読書人』の編集を通じて肌で感じていました。

そのことはさておき、僕にとってその辞典とともに強く記憶に残っている雑誌があって、それは『ぎんのすず』です。広島で出されていた月刊の児童雑誌で、低学年のほうは平仮名、高学年のほうは『銀の鈴』と漢字でしたが、中国地方の学校ルートの直接講読誌だった。元小学館の金平聖之助さんによると、戦後の一時期は東京に住んでいた作家や画家が地方に疎開していたこともあって、児童雑誌も含めて多くの雑誌が地方でも創刊されたようです。その関係から東京で活躍している作家たちも書いてくれたといいます。

――福島鑄郎編著『新版　戦後雑誌発掘―焦土時代の精神』（洋泉社）にもそれらのいくつかが掲載されていますが、『ぎんのすず』は見当たらない。でも『児童文学事典』（東京書籍）における立項を見つけましたので、それを引いてみます。

銀の鈴　ぎんのすず　一九四五（昭20）一〇月、敗戦直後に、広島印刷株式会社が母体の広島図書株式会社・松井富一（とみかず）によって創刊された学年別児童雑誌。誌名は対象によってぎんのすず、ギンノスズとも。名実ともに長田新の監修を受け、坪田譲治、森田たま、平塚武二、西条八十らが執筆した。印刷と造本が抜群であり、欧米の自由で豊かな文化の香りもよく伝えられた。直接販売によって部数を伸ばしたが、五四年ごろまでに隆盛を終えた。発行所は東京に移って松濤（しょうとう）書房、さらに大阪に移った。児童文学作家佐藤さとる、きりぶち輝（あきら）、北川幸比古が編集部に在籍、また佐伯千秋はこの雑誌で初期の執筆活動をした。社長松井富一が原爆症で歿後、幼稚園・保育園児向けの直接販売による月刊絵本を株式会社ぎんのすずが発行している。

「印刷と造本が抜群であり、欧米の自由で豊かな文化の香り」が島根の山の中にも「よく伝えられた」と想像できます。

植田　そうなんです。でもこれは復刻もされていないし、実物を手に取ることは難しいでしょうね。

――　でもなまじ見ないほうがいいかもしれません。美しい思い出が壊されてしまうこともありますから。

　ところで中学や高校での新聞や雑誌づくりはうかがいましたが、雑誌への投稿などはされていたんでしょうか。植田さんとほぼ同世代で、六〇年代の詩誌『凶区』によった渡辺武信や天沢退二郎たちは『螢雪時代』などの詩の投稿者で、私たちの頃になると、『高三コース』は寺山修司が選者だったこともあって、これも後に知られる人たちがかなり投稿しています。所謂旺文社の『時代』と学研の『コース』の全盛でしたから。

10　小川菊松『出版興亡五十年』

植田　僕は投稿というのはあまりしたことがありません。ただ読むだけで、自分で書いて送ることはほとんどなかった。そういう話を聞くとちょっと残念な気もしますが、その代わりに小学校高学年の頃から壁新聞をつくったり、それに小説まがいのものを書いたりしていた。
　また読むことに熱中していた事情もあります。それは二冊あって、中学時代に小川菊松の『出版興亡五十年』（誠文堂新光社）、高校時代に酒井寅吉の『ジャーナリスト―新聞に生きる人びと』（平凡社）を読み、これで僕の人生は決まったと思っています。

――私は『ジャーナリスト』を読んでいませんので、こちらについて語る資格はありませんが、『出版興亡五十年』に関しては最もよく読んでいる一人だと自負しています。だからこれを村松の『出版の王座』の下地はあるにしても、植田さんが中学時代に読み、それで進路を決めたというのもすごい話だと考えざるをえない。これも郵便振替で購入したのですか。

植田　そうです。それは確か一九五三年の中学二年の時じゃなかったかな。ちょっと奥付を見てくれませんか。

小川菊松『出版興亡五十年』

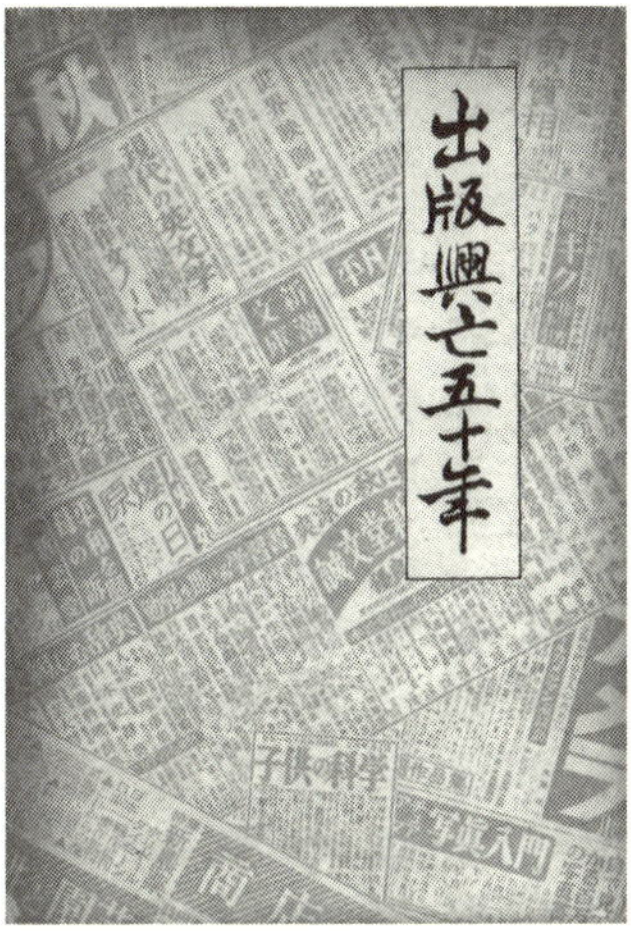

――昭和二十八年八月発行、一九五三年に間違いないです。ついでに定価もいいますと、六百ページもあって三九〇円です。

植田　この『出版興亡五十年』を知ったのは新聞広告で、東京の誠文堂新光社に注文した。それで繰り返し読み、上京した時にも持ってきたのですが、さすがにぼろぼろになってしまい、新たに買い求めたりもした。それほど面白い一冊で、今でもその印象は変わっていないし、またこの本の原価もわかるようになっていて、これは出版界の真実の姿を知ってもらうための赤字出版、大廉価出版だとも書いている。そういう本はそれまで出ていなかったんじゃないかしら。ただこれは小川菊松の口述筆記を本にしたもので、腕のいい編集者がついていたんだと思います。この本は小学館の相賀昌宏社長も評価されている。

人名と出版社名索引、出版年表だけでも五五ページに及び、出版事典を兼ねているようなところもあって、僕はずっと誠に重宝な事典としても使ってきたわけです。あなたもよく使っておられるので、一言いってみてくれませんか。

―― 思い切りほめていいますと、近代出版業界の最もリーダブルな資料ですし、現在の出版危機のよってきたるべきところも書かれています。それは小川が取次の出身で、出版社も兼業し、これらは書かれていないけれど、譲受出版、赤本業界や特価本業界とも取引し、金融業なども幅広くやっていて、奥が深い。ただ問題なのはそれがどこまで読みとれるかであって、そうした裏目読みができないと、単なる実用書出版社の社長の思い出話でしかないでしょうね。だから植田さんが中学時代に『出版興亡五十年』に目をつけ、繰り返し読んだというのは非常に慧眼だというしかない。

11　小川菊松と前田久吉

植田　僕は小川菊松という人の変わり身の早さというか、それにも感心した。つまり出版ビジネスというものはこうなんだと教えてもらったような気がした。関東大震災の時にもすぐに『実地踏査大震大火の東京』を出し、三万部近く売り尽くしていたのに、講談社の『大正大震災大火災』の刊行予告を知ると、ただちに増刷を打ち切ったり、戦争に負けた直後に『日米会話手帳』を出してベストセラーにするという出版反射神経とでもいったらいいのかな、とにかくその変わり身の早さは高く評価すべきだと思う。

――原田三夫という科学編集者、この人は漫画家の前谷惟光の親父なんですが、小川を若い頃から知っていて、とにかく目から鼻に抜けるような利口な小僧だと評している。

植田　原田が誠文堂の『子供の科学』の編集長だったことは知っていましたが、ロボット三等兵の漫画家の父親だったとは知らなかった。

――それが一例で、『出版興亡五十年』は奥が深くて色んな出版と人脈がつながっている。だからある意味で、小川と誠文堂と合併する新光社は大正出版史にとってとても重要な位置を占めている。それなのに記述にケアレスミスが多いこと、それに誠文堂新光社の全出版目録はないことが残念で仕方がない。例えば、一九二二年に杉山萠圓を著者とする長篇童話『白髪小僧』が誠文堂から出されていますが、この杉山は夢野久作です。ところがこの出版事情もよくわからないし、杉山と小川の関係も不明です。

植田 その小川の話で思い出しましたが、小川に類する人物として興味を抱いたのは『産経新聞』の創業者前田久吉ですね。彼のことは『キング』に掲載された「日々これ勝負」という自らの体験を回想した読み物で知った。これは創元社で単行本にもなっているが、前田は小学校を出ると、新聞配達に従事し、天下茶屋で週刊の『南大阪新聞』を創刊して大阪中心部に進出し、後に『大阪新聞』となる夕刊紙を発行する。そして次に『日本工業新聞』を創刊し、それが戦時下の新聞統合によって、『産業経済新聞』(現在の『産経新聞』)になるわけです。戦後は東京に進出し、日本電波塔社長として、東京タワーを完成させている。学歴はないけれど、アイデアマンとして有能で、前田はジャーナリストですけど、小川と相通じるところがあって、とても影響を受けた。それで前田が胃を悪くして比叡山で断食したことが書いてあったので、僕もそれをまねして断食を試みたりした。

12 酒井寅吉『ジャーナリスト』

―― 高校時代に読まれたもう一冊の『ジャーナリスト』の酒井寅吉のほうはどうなんでしょうか。

植田 酒井は戦前に朝日新聞記者として言論弾圧の横浜事件で検挙され、その留置場暮らしの一年が拷問の実態も含め、残酷なまでにリアルに書かれている。それから戦後になって、『時事新報』『産経新聞』『東京新聞』などの編集に携わったジャーナリストの自伝ということになるわけですが、終章が「若きジャーナリストへ」というもので、当時の社会とジャーナリズム状況が記されていて、そのような中での若きジャーナリストが保つべき姿勢と立ち位置を教えてくれていた。

だから『出版興亡五十年』に劣らず、『ジャー

ナリスト』にも影響されましたね。前者からは出版の面白さ、後者からはジャーナリズムの倫理みたいなものを学んだ。これは後の僕の人生にとっても大きかった。

――それと上京と大学入学という物語が相乗し、将来はジャーナリズムか出版の道に入りたいと決意された。

植田　他に小説を書きたいという気持も少しはありましたが、それ以上にジャーナリズムや出版は面白いということが先入観として植えつけられてしまったことも事実です。

――でも植田さんの場合、フィクションではなくて、ノンフィクションに強く感化され、そのなりたかったイメージを実現させてしまったことがとても興味深い。

コミックの例でいいますと、私たちの世代は『空手バカ一代』で極真カラテが流行になり、子供たちの世代になると、『キャプテン翼』だとサッカー選手、『スラムダンク』だとバスケ選手に本当になったりしているわけですから、フィクションと現実が重なるわけです。ただいつも冗談でいうのですが、『ゴルゴ13』を読んで殺し屋をめざした人はいないでしょうけど。

植田　まあ、僕の場合は小説やコミックではなくて、ノンフィクションでしたが、それは今まで話してきた本の入手などに関する文化的環境、山の中の暮らしといった社会状況とも大きく関係しているのでしょうね。ノンフィクションであってもフィクションのようなものとして映ったとでもいいますか。今はそうした条件や環境が変わってしまったけれど、かつては距離があればあるほど憧れるみたいなところがありましたから。

——それは私もよくわかります。私も中学生の頃、書店で早川書房の『エラリー・クイーンズ・ミステリ・マガジン』(『ＥＱＭＭ』)に連載されていた澁澤龍彥の『秘密結社の手帖』を立ち読みしていて、こういう売れそうもない物書きになりたいと思っていたら、本当にそうなってしまったのですから。でも後に彼は物書きとして著名になるので、そうした見方は間違っていたのですが。

そういう意味で、旺文社の標語じゃないけれど、中高生時代に何を読んだかで一生が決まってしまうことが確かにある。だからもっと多様な選択肢があったならばとも思いますけど。

13　本における地方と東京の格差

植田　それは僕も思ったことがある。高校に入って一回だけ学校図書室の蔵書の買い出しに松江の今井書店にいった。現在の建物ではなく、前の建物でしたけれど、僕がそれまで見たことのないほど本があって、すごい本屋だと思い、本当にびっくりしたことがあった。こういう本屋が近くにあって、自由に本を選べ、読むことができれば、自分の読書生活もまったくちがっていたんじゃないかとも思ったりした。

―― 東京育ちの友人に聞くと、駅前の書店に岩波文庫から共産党の『月刊学習』というテキストや若い根っこの会の機関紙まで揃っていて、それほど深く考えずに中学生の頃から読んでいたといいますから、とにかく本や雑誌環境がまったくちがうわけです。

これは植田さんも同じだと思いますが、岩波文庫をあまり読んでいない。それは岩波書店の特約常備店というのは松江の今井書店じゃないけれど、県庁所在地、もしくはその次の地方都市にしかなかったので、接する機会が少なかった。これは私たちの世代の地方出身者に共通している。

その代わりに何を読んだかというと、学校図書館での筑摩書房なんですね。日本と世界の文学全集だけでなく、色んなものがあって、『世界ノンフィクション全集』や『現代日本思想大系』のようなアンソロジーを読んでいた。世界文学全集は河出書房から刊行されていたし、詩の全集も新潮社や角川書店から出ていたので、岩波文庫の代わりになっていたようなところがある。もちろんこれは後知恵ですが。

植田　それは僕も同じで、文学と小説のことを考えると、影響を受けたのは筑摩書房の『現代日本文学全集』と角川書店の『昭和文学全集』ですね。純文学に接した最初は『昭和文学全集』の林芙美子の巻で、それで『放浪記』を読んだ。

――そうか、あれも舞台が尾道でもあり、中国地方の物語ですものね。

植田　木賃宿と放浪の生活というのは身につまされるところがあって、秋口にシラミがわいて、何か読みながらそれをむしったと書かれていた。そういう貧しい現実が周囲にまだあふれていたので、新作のようなリアリティがありました。

だから今は各種の文学全集がゴミのように扱われているのを見ると痛ましい気がします。

――現在では本当に文学全集はそのような扱いを受けていますが、目的の巻を古本屋で探そうとすると見つからない。先ほども『昭和文学全集』の林芙美子の巻を探してきたのですが、やはりなかった。書影を出したいと考えていたのですが。

でもそれはそうと、今井書店の話が出ましたので、ここで付け加えておくべきでしょう。最近植田さんは今井書店が運営母体となっている「本の学校」の理事長に就任されました。これも若き日のすごい本屋だという思いが巡り巡ってのことだと考えますと、偶然のようには思われませんので、本当に寿ぎたい。

植田　いやいや、読書人の社長と同様ですが、何らかのお役に立てればという気持ちで引き受けたわけで、晴れがましいものではありませんから、そこまでいわれると恐縮してしまいますよ。

14　上智大学新聞学科入学

――でも植田さんが中高生時代に『出版興亡五十年』と『ジャーナリスト』を読み、そのような道へ進もうと決意し、上京する。その長い物語のひとつの帰結ですから、それはそれでとてもすばらしいことだと思います。

ところで上京というのは大学受験ということになりますが、そこら辺の事情はどうだったんでしょうか。

植田　ジャーナリズムにしても出版にしても、やっぱり大学にいかなければならないということで、高校三年になった時、ジャーナリズムにいくにはどの学部でもよいのですが、迷うことなく、新聞学科のある大学を受験することに決めた。それは一九五八年で、当時新聞学科のある大学は早稲田大学と上智大学で、早稲田は政経学部、上智は文学部にあった。それで入学できたのは上智の新聞学科だった。もっとも新聞学科の歴史は上智のほうが古く、早稲田の新聞学科はその後なくなってしまい、今は日本大学に新聞学科があるだけですので、その後のことを考えますと、上智への入学が正解だったかもしれません。

――私の友人にも上智の新聞学科を出て、光文社の写真週刊誌『FLASH』のアンカーなどしていた吉村崇というのがいますけど。

植田　新聞学科については、ちょっと説明しておいたほうがいいでしょう。日本の大学で初めて新聞学科を設けたのが上智大学で、それは戦前の一九三二年のことで専門部に属し、小野秀雄が初代学科長で、戦後文学部に移行しても、小野先生は学科長だった。彼は東大独文科を出て、『東京日日新聞』の社会部記者になり、記者をやりながら、新聞研究の道に入り、戦後は東大新聞研究所（現、大学院情報学環・学際情報学府）を発足させ、教授兼初代所長を務め、続いて日本新聞学会を創設し、長く会長の座にあり、日本の新聞学の権威とされていた。

彼の自伝的な著書によりますと、本当は東大に新聞学科をつくりたかったけれど、昭和初期には新聞学なんて学問じゃないと反対され、戦後、新聞研究所になる新聞研究室だけはできたものの、学科の創設はかなわなかった。それがどうして上智でできたかというと、彼の新聞学はドイツ系で、戦前の上智ではドイツ人の学長が大きな権限をもっていた。この二人が知り合い、それで上智に新聞学科が設けられたという経緯があったようです。夜間の専門部でしたが。早稲田のほうは戦後にGHQが日本の大学にアメリカ式ジャーナリズム教育を普及させるためにつくらせたといわれています。

――なるほど、そういう流れがあって東大新聞研究所が発足しているわけですね。この「出版人に聞く」シリーズ13『倶楽部雑誌探究』の塩澤実信さんなどがその講師を務めていることを知っていましたが、東大新聞研究所とは何なのかと思っていた。それで事情がわかりました。

植田　大学事情についても今とは異なっていましたし、それについても少しふれておきます。今でこそ上智大学といえば、早慶と並ぶ受験難関校として評価され、地方でも名の知られた大学になっていますが、五〇年代までは地方ではまったく名前が知られておらず、受験難関校でもなかった。それに五六年までは女子学生はおらず、完全に男子大学だった。現在の上智を知る人であれば、本当に驚くかもしれませんが、これは事実で、島根の片田舎の高校出身の秀才でもなく、あまり受験勉強もしていなかった僕が現役で入学できたことがそれを証明しているでしょう。

僕が入学したのは五八年ですが、当時上智は三月二十日過ぎに入学試験があり、それでも四月半ばの入学式を迎えることができたわけです。大学も今のような立派な建物はなくて、進駐軍の払い下げのかまぼこ校舎、本当にかまぼこを切ったような掘っ立て小屋みたいな教室もあり、そこで講義を受けた。学部もまだ少なく、全体の学生数も三千人ぐらいだった。

――新聞学科は何人ぐらいだったんですか。

植田　定員は四十人でしたが、四十三人入ってそのうち女子学生は一人でした。この五八年が女子学生を一般入試で入学させた最初の年で、前年にも四人ほど入っていたようですが、これはミッション系からの編入だったと聞いています。それまでは上智の場合、カトリック系だったこともあって、完全に男子大学だった。それで女子を入れるべきかどうか、色々と論議されたようですが、結局のところ、僕が入学した年から女子にも開かれる大学になり、今では「女東大」とまでいわれるようになった。それから女子学生がだんだん増えていって、新聞学科もそうですが、文学部では定員の五割強が女子学生で占められるようになった。だから僕らの時代とは本当に様変わりしてしまった。

――私の友人の話を先述しましたが、新聞学科の卒業生はみんなジャーナリズムや出版のほうに進むのですか。

植田　上智の中でも新聞学科はマスコミ関係に進む率が最も高いですね。ただそれは広告なんかも含めての話です。僕が専任教員になって教えていた頃には定員が六十人で、それがさらに増えていき、逆にストレートにジャーナリズムに進む学生は少なくなったような気がします。広い意味でのマスコミ関係へとシフトしていった。

15　井上ひさしのこと

――それはそうでしょうね。女子学生に人気があるのは時代のトレンドとして、ジャーナリストや編集者よりもテレビのアナウンサーやレポーターでしょうから、そのようにシフトしていくのは必然ということになる。

ところで上智では井上ひさしと時代をともにしていたのですか。

植田　井上さんの上智在学はちょっとややこしいのです。彼は一九五三年に文学部ドイツ文学科に入ったが、自作年譜によりますと、ドイツ語が面白くないこと、大学の神父たちが冷淡なことなどに落胆し、夏休みに帰省した岩手の釜石市にそのまま引きこもってしまった。つまり休学してしまった。それで五六年に外国語学部フランス語科に復学し、今度は学業を続け、六〇年代に卒業している。

この井上さんの経歴からすれば、五八年入学の僕と五六年復学の彼とは五八年から六〇年にかけて、学部はちがうにしても、上智に同時に在籍していたことになる。

——でも面識はなかった。

植田　そうなんです。井上さんは復学の年に浅草フランス座の文芸部員に採用され、戯曲を書いていたこともあり、大学にあまり出てきていなかったんじゃないかな。

井上さんは自伝的小説『モッキンポット師の後始末』（講談社文庫）などの「モッキンポット・シリーズ」を書いていますが、このモデルはフランス人神父のポール・リーチ氏です。この人物は外国語学部にフランス語科を創設した功労者で、その学科長を二度も務めている。実は僕もこのリーチ氏に宗教学を教わっています。講義内容はすっかり忘れてしまいましたが、講義中に「ド・ゴールは」とド・ゴール大統領のことをよく口にしていました。僕が上智で教えるようになってから、大学内のＳＪハウスで暮らしておられ、大学の周りを散歩している姿を目にしています。その後九五年に心筋梗塞で亡くなられたと聞いています。

――モデルの本名はポール・リーチだったんですね。それでわかりました。井上ひさしがクロード・シモンの本邦初訳『風』（平岡篤頼訳、『世界の文学』23所収、集英社、一九七七年）の巻に『風』の文体を模倣した「『風』と共に去りぬ」という一文を寄せていました。そこで「Ｐ師」が読みさしの小説本の原書『風』を持ち帰り、三十ページあまり読み進めたが、まったくわからず、恐れ入って「Ｐ師」の机の上に返しておいた。これで翻訳者となる夢は『風』と共に去ったと書いていた。この「Ｐ師」がポール・リーチだったのですね。

植田　そうです。井上さんは小説でリーチ氏を戯画的に描いていますが、よく読むとこの神父が教育熱心で、学生たちを愛していたとわかるし、井上さんも目をかけられた一人だったと思いますよ。

井上さんのことで付け加えておきますと、七二年に『手鎖心中』で直木賞を受賞された時、僕は編集部の真下俊夫君と二人で取材にいった。この真下君も僕と同じ新聞学科の出身で、僕の次に『週刊読書人』の編集長になるんですが、井上さんは我々が上智出身であることを知って、今日は上智の同窓会だといって、高級なサンドイッチを取って喜んで下さった。

――それはとてもよかったですね。そのことは書かれていないと思いますが、井上の一文にはP神父との敬愛を含んだ関係が見えています。そのような出会いがあっただけでも、井上にとって上智に入ったことは僥倖だったかもしれませんね。

第Ⅱ部

16 『週刊読書人』創刊

植田 それは僕にしても同様で、僥倖というか運命的な出会いというか、上智に入った一九五八年四月末に大学のそばの高橋書店で、五月五日付で創刊された『週刊読書人』を見つけた。それは小さな書店で、今はコンビニになっているところにあった。

それまで書評新聞は『日本読書新聞』を大学に進んだ先輩に、高校時代見せてもらったが、読んだことはなかった。おそらく岩波書店の本じゃないけれど、片田舎の本屋や学校の図書室には置かれていなかったし、僕のような今でいったらジャーナリズムや出版フリークの高校生にとっても無縁に近い存在だった。当然のことながら、四九年に田所太郎さんが『日本読書新聞』を辞め、『図書新聞』を創刊されていることも知らなかった。

―― ということは書評紙が注目され、書評三紙鼎立時代といわれるのは六〇年安保以後と見ていいわけですね。

植田 そうです。だから『週刊読書人』の創刊というのは僕だけでなく、出版業界や書評の世界に対しても、かなりのインパクトを与えたと思いますよ。僕の最初の印象では書評新聞でありながら文化新聞でもあるし、これは読まなければならないと思い、夏休みの帰省に際しては二ヵ月間の直接講読を手配したほどでした。

その『週刊読書人』創刊号の復刻がこれです。佐藤春夫が一面に「批評のない国」という一文を書き、これまでの書評の傾向はコマーシャリズムとジャーナリズムに支配され、それに社交的おざなりが横行しているので、読者の批評精神を刺激する書評が望まれるし、それによって読書の民度も上昇するのではないかと述べている。

――でも半世紀後の現在を見てみると、書評は皮肉なことにさらに劣化してしまった。それが現在の出版危機にもつながっていると考えるしかない状況を迎えている。まさに「批評のない国」の行く末みたいな気にもなります。

植田　しかしこの時代は佐藤が「批評のない国」といっていても、伊藤整が中江兆民のことを書いたり、正宗白鳥が最近の雑誌について述べたり、高見順が自著『昭和文学盛衰史』を語っている。書評では中村真一郎が『岩波講座日本文学史』、野上弥生子が土門拳写真集『ヒロシマ』、室生犀星が深沢七郎『笛吹川』を書いていたりして、前にいいましたように文化兼書評新聞としてとても充実していた。これだけの内容が毎週読めるのだから、当時の定価二〇円は決して高くないと思った。

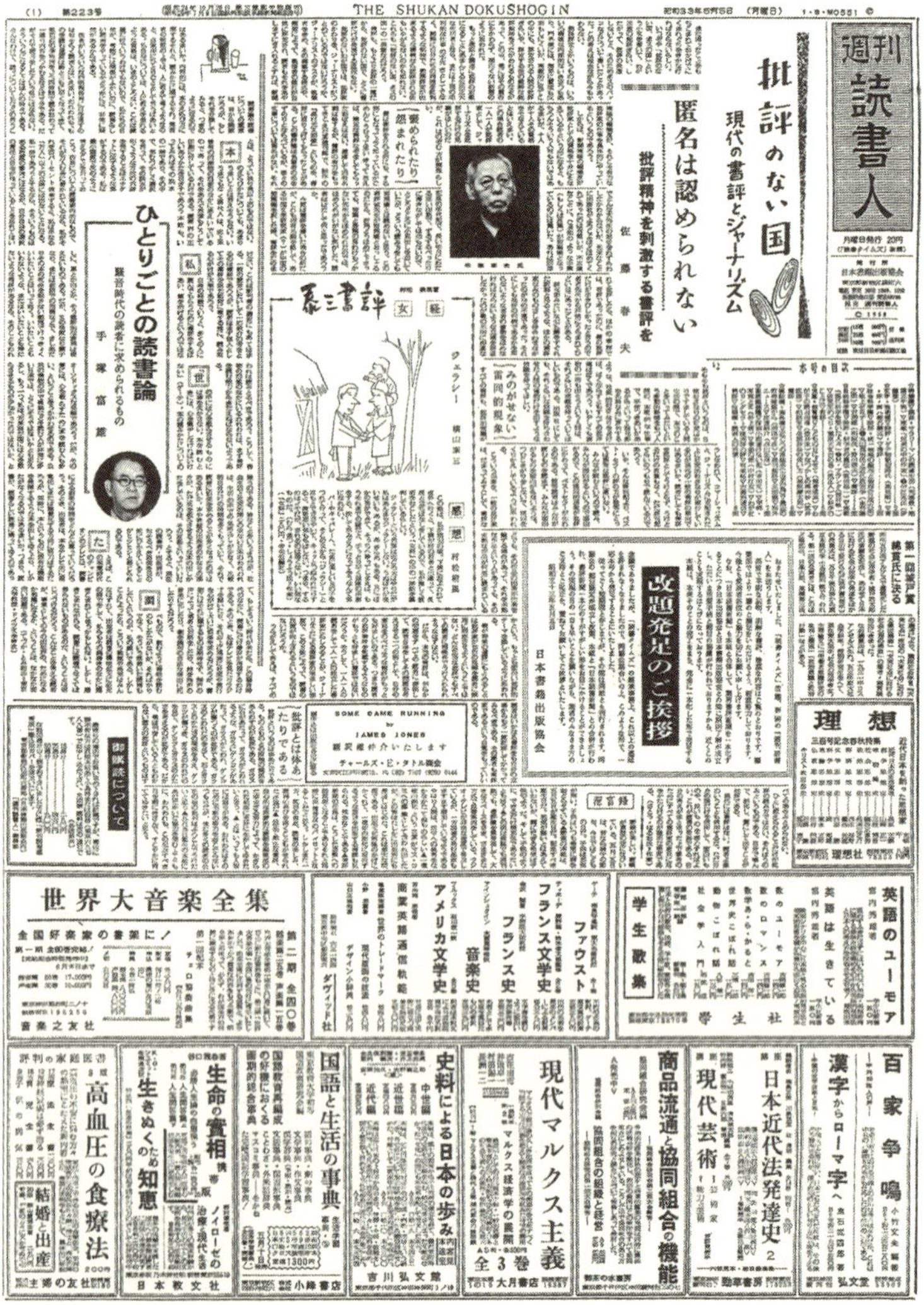

(1) 第223号 THE SHUKAN DOKUSHOGIN 昭和33年 (月曜日)

週刊読書人

批評のない国 現代の書評とジャーナリズム

匿名は認められない 批評精神を刺激する書評を

佐藤春夫

ひとりごとの読書論 騒音時代の読者に求められるもの

手塚富雄

泰三書評 女 軽

ジェラシー 横山泰三

感想

ほめられたりけなされたり

みのがせない雷同的現象

批評とは誉めるたりである

SOME CAME RUNNING by JAMES JONES 翻訳権紹介いたします チャールズ・E・タトル商会

改題発足のご挨拶 日本書籍出版協会

御購読について

本号の目次

理想 理想社

世界大音楽全集 音楽之友社

ファウスト フランス文学史 フランス史 音楽史 アメリカ文学史

英語のユーモア 英語は生きている 学生歌集 学生社

高血圧の食療法 結婚と出産 主婦の友社

生命の實相 生きぬくための知恵 ノイローゼの治療と現代生活 日本教文社

国語と生活の事典 小峰書店

史料による日本の歩み 吉川弘文館

現代マルクス主義 全3巻 大月書店

商品流通と協同組合の機能

日本近代法発達史 2 現代芸術 勁草書房

漢字からローマ字へ 百家争鳴 弘文堂

――確かに現在から考えればキラ星のような書き手や書評者が並び、記事やコラムも充実していて、植田さんが最初に手にした時の感激が想像できます。

それとこれは創刊号なので割引いて考えるべきでしょうが、三八ツ以上の書籍広告が三十八も入っていて、書籍の時代だったことを伝えている。そこには白水社の『チボー家の人々』もあって、あらためて小津安二郎の『麦秋』にその読書をめぐる会話があったことを思い出しました。

またこれは私が郊外論の著者ゆえですが、日本住宅公団が千葉県柏市に開発したアパート都市ともいうべき光ヶ丘団地の「サラリーマンの読書生活」に関する調査を二面の半分以上を使って掲載していることにも注視し、植田さんがいわれた文化新聞的な色彩も読み取ることができました。

17　創刊年の記事や書評

植田　そうでしょう。それで僕は学生時代にこの『週刊読書人』をずっと読み続け、週単位で思想や文化、出版界に関する情報を得て、もちろんシミュレーションにすぎなかったけれども、それらと併走しているような思いでいました。
ただこれは後で知ったのですが、著名な執筆者を動員し、贅沢な編集だったこともあり、原稿料が高くつき、一説によると四百字詰一枚当たり千円ほど払っていたといいますから、今の金額にするとすごい原稿料になってしまう。結局のところ、それではだんだんやっていけなくなり、軌道修正を迫られることになったといいます。

――『週刊読書人』は不二出版から創刊から八三年までは復刻されているので、一応目を通してきましたが、確かに創刊年は編集も意欲満々という感じですね。ちょっと目についた記事や書評だけでもピックアップしてみます。

記事としてはスティーヴン・スペンダーの特別寄稿「サルトルとアルジェリア問題」、清水幾太郎の総選挙に関する「〝話し合い解放〟の哲学」、河上徹太郎によるコリン・ウィルソンの『アウトサイダー』と日本のアウトサイダー論、松田道雄と福田恆存の「論壇二元時評」、武田泰淳の「社会科学者と文学者」、吉田健一の「文芸時評」、奥野健男の「同人雑誌評」、福武直による地方の「知識人と書評ノイローゼ」、広津和郎の松川事件を論じた「法治国日本の暗さ」、中谷宇吉郎が原発にふれた「〝科学ブーム〟への疑問」、波多野完治の「テレビ時代と新しい読書」、岩井弘融の小松川女高生事件に関する「犯罪英雄とマスコミ」、小林秀雄への一時間インタビュー「芸術・人間・政治」、高見順と久野収の対談「組織と人間―大衆運動を有効に進めるために」、加藤周一と伊藤整の対談「文学賞は成功している」、菊村到の「中間小説というもの」、今東光による『稲垣足穂全集』の推薦文などがあります。

それから書評としては石川淳の小林秀雄『近代絵画』、阿川弘之の三島由紀夫『旅の絵本』、加藤周一のカミュ『ギロチン』、白井喬二の長谷川伸『生きている小説』、安東次男の栗田勇訳『ロートレアモン全集』、村山知義のダリ『異説・近代芸術論』（滝口修造訳）、五味康祐の吉川英治『随筆新平家』、小沼丹のエリオット『古今評論集』（大竹勝訳）、林健太郎の上原専禄『歴史学叙説』、上林暁の志賀直哉『八手の花』、高見順の武田泰淳『森と湖のまつり』、山室静の『ラング世界童話全集』（川端康成校閲、野上彰訳）、戸板康二の松本清張『無宿人別帳』、吉田健一の大岡昇平『作家の日記』、大井広介の山本周五郎『樅ノ木は残った』、由起しげ子の『キュリー夫人伝』（川口篤他訳）などが挙げられます。

これが『週刊読書人』の創刊年（一九五八年）の五月から十二月にかけての記事や書評の一例です。私の好みのバイアスがかかってはいますけれど、この他にも児童書や科学書や辞書などの多様な書評と記事、海外出版ニュース、近刊情報、年末における今年の収穫といった具合に幅広く展開されていて、両者を合わせますと、その紙面のユニーク性が浮かび上がってくるのではないかと思っております。植田さん、どうでしょうか。

植田 とても懐かしいし、いくつかの記事や書評が思い出され、創刊号に続いて刺激的で充実していたこと、書評と同等に文化的記事が多く掲載されていたことも思い出しました。

それと同時に創刊号には『読書タイムズ』が改題して、『週刊読書人』となり、近々日本出版協会の『日本読書新聞』も合体し、書評新聞として一本化されるという声明が日本書籍出版協会の名前で出されていた。ところが八月になって、その合併話が打ち切られたことも告知されていたはずです。どうして覚えているかというと、夏休み中で島根に送ってもらっていたこともあり、暗記するほど隅から隅まで読んでいたからです。

18 創刊に至るまで

―― 実は不二出版の復刻は『週刊読書人』の前身である『全国出版新聞』と『読書タイムズ』をも含んでいますし、その『日本読書新聞』との関係と合併問題も含め、簡略に説明して頂けませんか。

植田　これは「出版人に聞く」シリーズ9の『書評紙と共に歩んだ五〇年』で、『日本読書新聞』と『図書新聞』の双方の編集長を務めた井出彰さんが先にチャートしてくれていますが、僕のほうは『週刊読書人』からの視点で見てみます。

敗戦後のGHQによる占領と出版社の戦犯問題に絡んで、『日本読書新聞』の母体であった日本出版会が戦時統制団体から民主化路線を標榜する日本出版協会へと転換する。これは一九四五年のことで、戦争責任問題をめぐって、大日本雄弁会講談社、文藝春秋社、新潮社などを除名するに至る。ところがGHQの力を背景にして日本出版協会の理事長に就任したのは出版業界とまったく関係のない鉄道省の官僚石井満であったことから、除名された出版社は四六年に日本自由出版協会を立ち上げる。

そしてさらに一九四九年に戦時中からの一元取次の国策会社日配がGHQによって閉鎖機関に指定され、そのために現在の各取次が設立されてスタートし、それに合わせて日本自由出版協会が全国出版協会へと推移していった。

――そこで日本出版協会の『日本読書新聞』に対して、全国出版協会が『全国出版新聞』を創刊するわけですね。

植田　そういうことで、それがやはり四九年です。だから四九年六月の創刊号には全国出版協会の発足と日配の閉鎖問題が報じられている。そうした経緯と事情もあって、『全国出版新聞』は書評紙というよりは出版業界の出来事、ニュース、話題などをメインとする業界新聞の傾向が強かった。

――　確かに五四年までの五年分に目を通しましたが、月二回刊行二ページの『全国出版新聞』は業界新聞的ニュースと記事で埋まっていた。ところが五二年から表が出版業界ニュース、裏が書評とはっきり紙面が分かれるようになり、五三年には四ページの号もあり、増ページ号は記事も含めて書評紙らしいニュアンスを感じさせ、それなりに戦後の出版業界が変化し、成長してきていることを伝えてくれます。

その年の記事でおかしかったのは、小川菊松の『出版興亡五十年』の大きな広告と盛大な出版記念会の記事が掲載されていることで、「出版業界の名士綺羅星の如く一堂に会して二六三名」、「かくも多勢の者に祝福された出版記念会の盛況は、近来まれなるところ」とあったことでした。

植田　それは見逃していましたね。当然のことながら全国紙にも宣伝を打っていたのだし、『全国出版新聞』なども記事にしないわけがないですから。

それで五四年から月三回刊行の『読書タイムズ』へとタイトルが変わり、『週刊読書人』の書評と文化を兼ねた新聞の形式へと模索していくわけです。

19 『全国出版新聞』、『読書タイムズ』、橘経雄

――『全国出版新聞』は五二年から編集兼印刷発行人が橘経雄と記されるようになり、それは『読書タイムズ』にも引き継がれているのですが、この橘経雄というのは立花隆の父親ですね。

植田 そうです。橘さんは僕が入った時は『週刊読書人』の創刊に参加され、営業部長を務めておられました。二人の息子さんがおられ、弟の立花さんは有名だから誰も知っていますが、兄さんの橘弘道さんも『朝日新聞』の記者でした。橘さんのところは二代続けてジャーナリストといってもいいでしょう。

――「出版人に聞く」シリーズ14の『戦後の講談社と東都書房』で、原田裕さんから講談社の社員がSF作家の新井素子の父親だとか、小説家の大江賢次の息子だとかといった話を聞きましたが、そうした例を挙げていけばきりがないのでしょうね。

植田　それはものすごくあります。でもそれは親の人脈というのもあるでしょうが、やはりＤＮＡのなせるわざといったほうがいいような気がします。その例を挙げていくだけで一冊の本ができるでしょう。

それはともかくとして、橘さんの編集方針の反映もあってか、『読書タイムズ』になると、出版と読書と書評が三本柱になり、一九五〇年代における『全国出版新聞』とは異なる『読書タイムズ』の新たな役割が打ち出され、それとパラレルに五七年に日本書籍出版協会が発足した。前年には日本雑誌協会がスタートしているので、五六、七年に戦後の出版業界が再編成されていくわけです。

――　現在の書協と雑協の誕生ですね。『読書タイムズ』の四月二十五日号の一面に「戦後出版団体の変遷史」という特集が組まれ、五七年が出版業界にとってもターニングポイントであることが示されている。

植田　その書協の誕生の一周年記念として、書協から『週刊読書人』が創刊されることになり、それまでの全国出版協会の『読書タイムズ』は『週刊読書人』と発展的に合併し、また日本出版協会の『日本読書新聞』も合併の予定で話し合いが進んでいた。ところが、これはうまくいかず、物別かれに終わってしまった。それが『週刊読書人』の五八年

の社告の意味するところです。

――『読書タイムズ』の最終号である五八年四月十五日号に、それらの事情説明も含めた『週刊読書人』創刊案内が出されていますので、それを転載しておくとよくわかると思いますが、どうでしょうか。

植田 そのほうがいいでしょうね。僕はこれらのことを知らなかったけれど、このようなプロセスを経た『週刊読書人』創刊号に出会うことになったわけですから、ぜひお願いします。

20　『朝日ジャーナル』、『思想の科学』、『中央公論』

――わかりました。ではそうさせて頂きます。

植田さんと『週刊読書人』の出会いのことが少しばかり長くなってしまいましたが、まだ植田さんは大学に入ったばかりだし、『週刊読書人』だけを読んでいたわけではない。当時の一九五〇年代末から六〇年代初めにかけて大学生は何を読み、六〇年安保を前にしてどのような社会環境と状況の中に置かれていたのでしょうか。

植田　僕は『週刊読書人』をずっと読み続けていたので、週単位で思想や文化や出版の動向にふれていたことになります。それに加えて、翌年に創刊された週刊誌の『朝日ジャーナル』と月刊誌『思想の科学』も定期講読するようになった。前者からは『週刊読書人』とはまた異なるリアルタイムでの社会の動向を学び、後者は思想の科学研究会の機関誌で中央公論社が発行元でしたが、そこで優れた大衆文化論や思想論に出会い、知的刺激を受けた。

その中央公論社の看板雑誌だった『中央公論』も当時非常に充実していたので、よく買いました。今でも覚えているのは久野収、鶴見俊輔、藤田省三による「戦後日本の思想の再検討」、梅棹忠夫の「日本探検」、松下圭一の「大衆天皇制論」、吉本隆明の「戦後世代の政治思想」などで、思考力を刺激され、影響を受けました。

『週刊読書人』の六〇年一月二十五日号には「ジャーナリズム三つの学校」という特集が組まれ、丸山眞男による丸山学校、鶴見俊輔による鶴見塾、大宅壮一による大宅工場に分類されているジャーナリズム人脈も参考になりました。

ジャーナリズム　三つの学校

（『週刊読書人』1960年1月25日号より）

鶴見塾	大宅工場	丸山学校
鶴見和子	藤原弘達	藤原弘達
武谷三男	青地　晨	神島二郎
竹内　好	丸山邦男	脇　圭平
三浦つとむ	杉森久英	今井清一
日高六郎	芦原英了	松本三之介
永井道雄	草柳大蔵	橋川文三
藤田省三	藤島宇内	安藤英治
高畠通敏	梶山季之	石田　雄
安田　武	末永勝介	松下圭一
判沢　弘	藤島泰輔	藤田省三
荒瀬　豊	向井啓雄	小川晃一
上坂冬子	北川正夫	野村浩一
後藤宏行	高木宏夫	松沢弘陽
大野　力	奥野健男	植手通有
鶴見良行		
稲葉三千男		
片桐ユズル		
原　芳男		
加太こうじ		
近藤寛一		
佐藤忠男		
関根　宏		
筑波常治		
市井三郎		
鈴木　正		
足立巻一		
上山春平		
多田道太郎		
加藤秀俊		
梅棹忠夫		

――雑誌という活字メディアに刺激され、影響されて大学生活を営む当時の知識階級予備軍の典型的学生像と考えていいんでしょうか。

植田　全体像ではないけれど、僕の周囲の学生はそのようなものだったし、『週刊読書人』やそれらの雑誌で読んだ記事や論文などを素材にして、友人たちと喫茶店で語り合うことが僕にとっては何よりも勉強になった。

――まだ学生が文字どおり書生の時代だったのですね。

植田　僕の場合は雑誌と書物の両者にまたがっていたので、雑・書生とでもいったほうがふさわしいかもしれませんが。ただ新聞学科の課目である「論文作法」において、これらの雑誌で得た知識は役立ち、卒業論文の構想にも示唆を与えてくれた。ですから学生時代に普通の新聞以外に愛読誌を持つことは必要だと思っています。もちろん現在ではそうした学生すらも少なくなっていることを承知していますし、電車の中を見てもスマホをいじっている姿しか見ませんから、雑誌すらも危機に追いやられていることが実感される。

――でも植田さんも大学時代にラジオには関わっていたようですが。

植田　それは日本学生放送協会という学外の団体があり、友人に誘われて入り、「若人の手帳」というラジオ番組の制作に携わっていたことをさしているのですね。この協会にはアメリカの財団が金を出していたようで、毎週三十分構成の番組をつくり、それをパッケージして地方局に放送してもらった。それなりに多くのことを学びましたが、就職して放送の分野に進む気はまったくなかったですね。やはり活字媒体が志望だった。
ただこの協会の関係で、五九年に一ヵ月の沖縄取材に出かけ、米軍統治下でドル時代の沖縄の実態にふれたこと、それに協会が出していた『学放協新聞』の編集にも携わったことから、次第に政治青年としての意識が高まっていきました。

21 六〇年安保闘争

—— 植田さんが大学三年になった時と六〇年安保が重なるわけですからね。

植田 そうなんです。ここに持ってきたのは上智の学生に対して出された安保闘争時のビラで、ミッション系でノンポリのイメージが強い上智でも、ビラに記されているように百名ほどがデモ動員され、僕もその一員だった。それで四月から六月にかけて国会議事堂の周りは連日のようにデモ隊で埋め尽くされた。そうして六月十五日に東大生の樺美智子さんが国会構内で機動隊による圧死に至り、僕はそれを契機にして、当時最もラジカル

再び上智大の学友諸君に訴える!!
＝今こそ岸政府の暴政に対して決起しよう＝
去る二十日、岸自民党政府はついに国会へ警官を導入するという暴挙をもって新安保を単独可決した。
我々青年学生は岸政府のこの民主主義を踏みにじる暴政に心からの怒りと悲しみを感じる。
二十日、我々青年学生共斗会議は[illegible]ちに二万人を越える青年学生の動員をもってこれに抗議した。
だがなかでもとくに我々を勇気づけてくれたのは上智大生諸君[illegible]君たちが雨天にもめげず[illegible]の抗議集会に参加して来たことだ。
女子学生をも含めて一〇〇名そが参加してくれたことは我々にとって何という大きな喜びであったろう!
君たちはついに自分の手で母校上智大学の名誉と誇りと[illegible]君たちを軽ベツする数百万の目から守りぬいたのだ。
君たちは君たちの良心が如何に正義を愛し、平和を愛するか[illegible]身をもって全国の学友に示したのだ。
上智の学友たちよ!! 今こそ我々学生は祖国の平和と民主主義[illegible]守るために 新安保決議無効!! 国会解散!! 岸政府[illegible]を叫び 立ち上ろうではないか
今こそ我々の力をすべて
二十六日の抗議集会へ結集させよう
日比谷野外音楽堂 午后二時
—安保[illegible]

だった全学連主流派への心情的な加担者になっていった。しかしその中心にいた共産主義者同盟（ブント）が組織的に壊滅状態になって以後、主導権を握った党派には共鳴を覚えなかったので、自然と学生運動から離れていくことになった。

ただ大学としては学生運動をまったく認めておらず、僕なども学校から反省文を書かされたことがあり、カトリック系大学の独特の縛りを感じましたし、学生たちも横浜の栄光学園などの系列高校出身が多いことに気づかされました。そういう仕組みもあって大学に反抗できないわけです。

—— なるほど、でもこれはもちろん揶揄していうのではありませんが、島根の山の中にいたジャーナリズムや出版フリーク少年が上京して大学に入り、創刊された『週刊読書人』と出会ったことを契機として、六〇年安保闘争にも遭遇し、政治青年として目覚めていくドラマが凝縮されていて、時代という舞台をもあらためて考えさせられます。それにいうまでもないけれども、植田さんというパーソナリティのことも。それで早くも大学四年になるわけですが、就職のほうはどうだったんでしょうか。

植田　お定まりというか、それしか進む道はないと思いこんでいたので、新聞社や出版社の入社試験をいくつも受けましたが、ことごとく敗れ、卒業寸前になっても就職のあてがないというありさまだった。さすがにあせってきた。友人たちは全員が受かり、マスコミや地方新聞などに決まり、もう就職先にいったりしていて、僕だけが東京に残っているような状態だった。

そんな時に竹内好さんが『週刊読書人』の六二年一月一五日号に「六〇年代2年目の中間報告」というエッセイを書いた。それには安保闘争を体験したことで、我々は自らの新聞を持たなければならないと思うようになり、その新聞を創刊したいと書いていた。それで竹内さんにぜひ僕をその新聞で使って下さいと頼みにいったら、いや、そういうことを書いたけれども、すぐには実行できないからという返事だった。それで僕はちょっとがっ

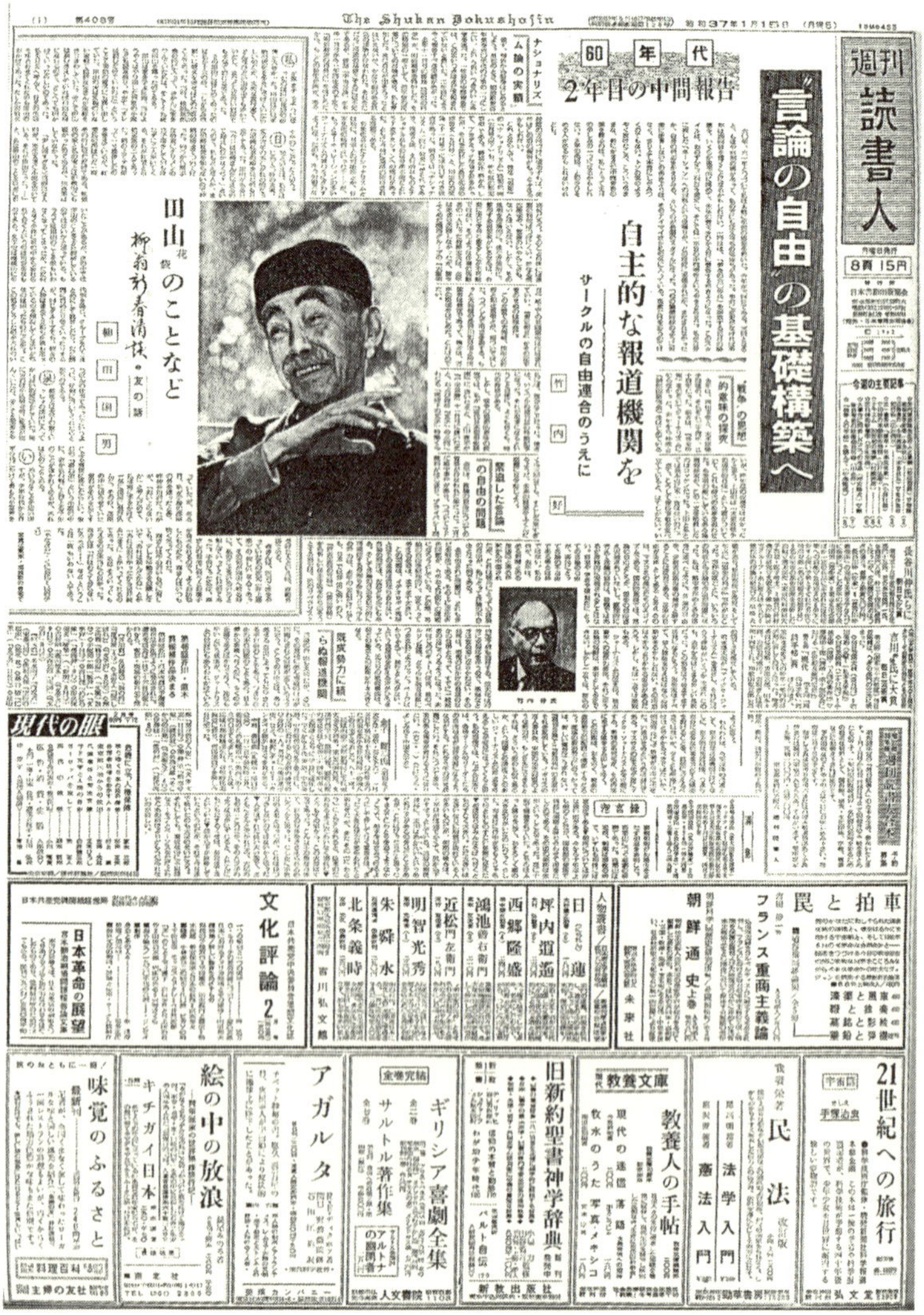

週刊読書人
"言論の自由"の基礎構築へ
60年代
2年目の中間報告
自主的な報道機関を
サークルの自由連合のうえに
竹内好
田山花袋のことなど
現代の眼
文化評論 2
日本革命の展望
朝鮮通史 上巻
フランス重商主義論
味覚のふるさと
料理百科
主婦の友社
絵の中の放浪
キチガイ日本
アガルタ
ギリシア喜劇全集
サルトル著作集
人文書院
旧新約聖書神学辞典
バルト自伝
新教出版社
教養文庫
教養人の手帖
民法
法学入門
憲法入門
21世紀への旅行
弘文堂

かりして帰ったことがありました。ただその後、僕が『週刊読書人』に入ってから、毎年竹内さんの「60年代中間報告」の原稿を取りにいくようになったんです。そういう奇妙な縁や不思議としか思えないことがいっぱいあった。

22 『週刊読書人』の編集部員募集

――具体的にいいますと、それはどのようなことですか。

植田 竹内さんから断られた翌月の三月に『週刊読書人』に編集部員募集の社告が掲載されたわけです。僕はずっと『週刊読書人』が社員を募集するのであれば、ぜひ応募したいと思っていたけれど、それまで一度もそれを見たことがなく、諦めの境地でいた。それは実際に初めてのことだったんです。それでまさかと思いながらも応募し、私一人だけが合格した。その時すでに大学の卒業式は終わっていました。

――植田さんがいわれた竹内好の一文と社員募集広告は転載しておいたほうがいいでしょう。社員募集の広告が右隅に掲載されている。

それで一九六二年四月に正式に念願でもあった『週刊読書人』編集部へと入った。

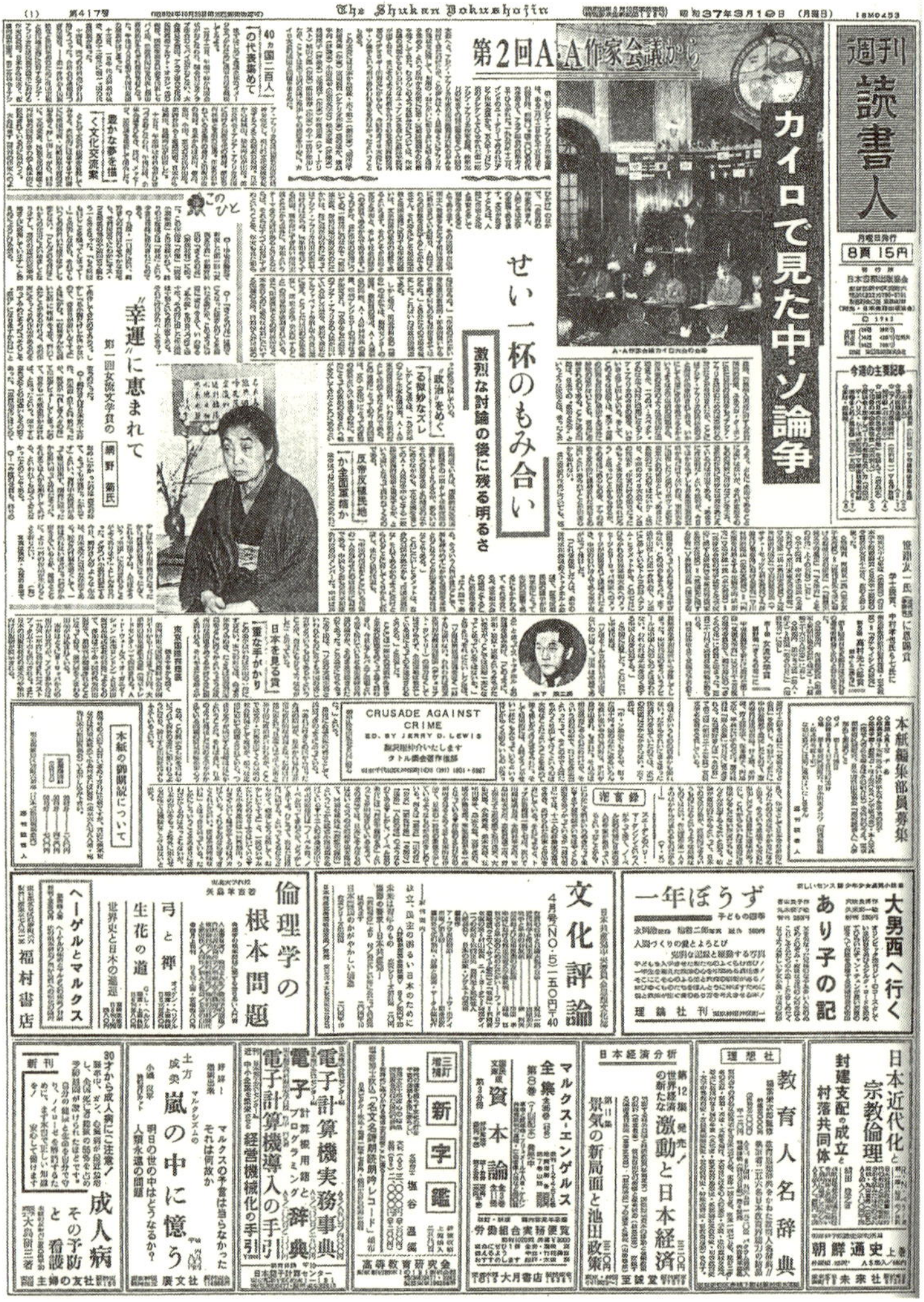
第417号
The Shukan Dokushojin
昭和37年3月19日 (月曜日)
週刊読書人
8頁 15円
カイロで見た中・ソ論争
第2回A・A作家会議から
せい一杯のもみ合い
激烈な討論の後に残る明るさ
このひと
"幸運"に恵まれて
第一回女流文学賞の 網野菊氏
本紙編集部員募集
本紙の御購読について
CRUSADE AGAINST CRIME
ED. BY JERRY D. LEWIS
翻訳権お分けいたします
タトル商会著作権部
倫理学の根本問題
ヘーゲルとマルクス
弓と禅
生花の道
世界史と日本の進路
福村書店
文化評論
4月号 NO.5 一五〇円 〒40
一年ぼうず
子どもの四季
理論社刊
大男西へ行く
あり子の記
成人病 その予防と看護
主婦の友社
嵐の中に憶う
電子計算機実務事典
電子計算機導入の手引
経営機械化の手引
新字鑑
塩谷温
高等教育研究会
マルクス・エンゲルス全集 第8巻
資本論
大月書店
日本経済分析
世界経済の新たな激動と日本経済
景気の新局面と池田政策
至誠堂
理想社
教育人名辞典
日本近代化と宗教倫理
封建支配の成立と村落共同体
朝鮮通史
未来社

植田　編集部には栗原幸夫さんとか斎藤英夫さんを始めとする優秀な人が沢山おられて、栗原さんと斎藤さんは、一、二面を担当されていた。

――　栗原は、先の井出さんの本には出てこないけれど、『週刊読書人』を辞めた後、『日本読書新聞』編集長になったようです。また後のプロレタリア文学研究者で、平凡社選書の『プロレタリア文学とその時代』を書いているし、これは読んでいます。その他にも共編者として『資料世界プロレタリア文学運動』（全六巻、三一書房）がありますね。

植田　『日本読書新聞』に栗原さんがいかれたことは聞いていましたが、プロレタリア文学のことは知りませんでした。プロレタリア文学研究者というのは『週刊読書人』を離れてからのことなんでしょう。そうしたことも感じられたせいか、栗原さんにはちょっと恐れ多いところもありました。

『週刊読書人』の初代編集長は巌谷大四さんで巌谷小波の四男としてよく知られ、戦前には日本文学報国会にいて、戦後は鎌倉文庫を経て、河出書房の『文藝』編集長も務められた。ところが五七年に河出書房が倒産したので、五八年創刊の『週刊読書人』へと移ってきたことになります。

だから『週刊読書人』のメンバーは『読書タイムズ』出身の橘さん、河出書房出身の巌谷さん、それから『日本読書新聞』にいた人たちが合体し、それに新人も加わったりしてスタートした。さらに『日本読書新聞』が合体することになっていたのだけれども、それがちょっと無理だったことは入ってわかりました。

――それに東京堂の人脈ラインもあったでしょうからね。

23 田所太郎と花森安治

植田 そう、『読書人』のタイトル自体が『東京堂月報』の後身で、戦時下に創刊された新刊書紹介をメインとする雑誌に由来している。それが一九五一年に復刊され、一年足らずでしたが、出されていましたから。

また四九年には『日本読書新聞』から田所太郎さんが独立して『図書新聞』を創刊している。つまり戦後の書評紙としては二紙だったところに、書協をバックにして『週刊読書人』が創刊されたことで三紙になってしまう。ところが書評紙を支えるところの出版社広告を増やすのは容易ではないので、それをめぐって出版社のほうも色々と板ばさみになり、出広バランスに苦慮したんじゃないかと思います。

僕が入った時に橘さんが営業部長だったのはそのこともあってのことで、その後彼は専務になりましたが、そうした業績を上げたからではないかと後に思い至りました。

―― おそらくそうでしょうね。

後に田所は『図書新聞』の経営に行き詰まり、自殺してしまうのですが、そのことで連想したのはこのインタビューで言及してきた『出版興亡五十年』の小川菊松が六二年に自殺している。これが植田さんの『週刊読書人』入社と同年ですので、去就の奇妙な因縁みたいなものを感じてしまう。

植田 小川さんは僕が入って少し後に自殺したんじゃないかな。彼は病気で身体が不自由になり、自分で仕事ができなくなった。何かそれがもどかしくて猟銃で自殺してしまったと聞いています。確かによく考えれば、悲劇ではあるけれども僕にとっては因縁めいた出来事に属するかもしれません。

それから田所さんについてもふれると、戦後の書評新聞の形式をつくったのは彼だと思う。戦前の東大在学中に『帝国大学新聞』の編集に携わり、この新聞は広く知識人と学生に向けた教養新聞として文化面を充実させる特色を打ち出したが、田所さんは日本出版協会に入られ、四一年に同協会機関紙の『日本読書新聞』の編集長となり、『帝国大学新聞』

の文化面が戦後の『日本読書新聞』のスタイルとなって引き継がれる。そして『週刊読書人』もそれを踏襲したと見ています。

――『帝国大学新聞』の編集にともに携わっていた花森安治の『暮しの手帖』もそのヴァージョンだとも考えられますね。『暮しの手帖』も広く主婦と生活者に向けた実践文化とその教養雑誌とでも呼べますから。スタイルと理念は共通している。

24　六〇年安保と書評紙

植田　確かにそれはいえますね。『週刊読書人』の場合、それがはっきり露出したのは六〇年安保の頃で、五十週のうちの半分ぐらいはずっと一面で安保特集を組んでいた。そのうちの樺美智子さんが亡くなった六・一五事件の直後に出した緊急特集号は増刷したそうで、これが一回だけの増刷記録だと伝えられていた。『日本読書新聞』は同じ頃の号で、編集部名で安保抗議行動に参加をと呼びかけていましたから、書評紙にとっても六〇年の安保闘争との関わりはものすごく強かった。

――そこら辺の問題は植田さんが入った一九六二年頃には鎮静化していたわけですか。

植田　いや、その影響というのはずっと続いていて、僕が入って三年後ですから、六五年に作家の舟橋聖一さんと六〇年当時の全学連書記長だった北小路敏さんに対談してもらったことがあった。安保闘争五周年対談といったところです。

――それは六月十四日号で、一、二面の特集「革命の『初心』忘れるな」というタイトルのものですね。でも舟橋は当時の大衆小説のイメージの強い売れっ子作家で、原稿料が一番高いといわれていた。それが共産主義者同盟から革命的共産主義者同盟中核派に移った北小路とタイトルに示されたような対談をすること自体が意外なんですが。

植田　舟橋さんというのはアクチュアルな作品も発表していて、六〇年の秋に共産主義者同盟と学生運動をテーマにした小説を『文藝春秋』に発表し、それは『エネルギイ』（文藝春秋）として刊行されている。それもあって依頼したら、すぐに承諾してくださり、舟橋さんの家の二階でやりました。しかもそれが夜だったことをよく覚えています。

あの対談は文学者と学生運動家によるきわめて真面目なものだった。舟橋さんがブントやトロツキズムに芸術的な動きを見ていたり、革命運動の中にあるロマンチシズムを認め、文学における西鶴の例を挙げ、革命運動は社会革命ルネサンスをめざすべきだといったことに驚いたりもしました。

これは僕が企画したのですが、まだのどかな時代で、内ゲバ騒ぎにもなっていなかったので、北小路さんは夜一人で舟橋邸にやってきました。

——とすれば、植田さんはこの頃から特集記事を企画する立場にもなっていたわけですね。

25 編集者の始まりと見田宗介

植田 見よう見まねで始めた書評紙編集者として、当初はレポートや書評ページを担当していましたが、入社二年目に思想の科学研究会の「戦後史の遺産の継承」という討論会のレポート記事を書いた。実質的にはそれが編集者としての始まりだったような気がします。

——それは学生時代から『思想の科学』を愛読していたこととリンクしているわけですね。

植田 もちろんそうです。それには続きがありまして、その討論会の報告者の一人が見田宗介さんだった。彼は当時東大の大学院生でしたが、戦後史についての鋭い洞察がこめられていた。それで『週刊読書人』の一面に「戦後体験の可能性」という論文を書いてもらい、これはとても好評だった。最初僕が編集会議で提案したら、大学院生なのに一面に書かせて大丈夫かという声も出されましたが、本郷近くの喫茶店で会い、依頼した。十枚弱でしたけど、高見順さんが面白かったと評価してくれたようです。

――それは見田の『現代日本の精神構造』（弘文堂、一九六五年）に収録されている「戦後世代の可能性」のことでしょうか。

植田　そう、それです。見田さんの討論会での報告と『週刊読書人』の論文をベースにして改稿を加えたもので、見田さんの『現代日本の精神構造』も評判がよく、一九六〇年代から七〇年代にかけての戦後社会学のロングセラーだったと記憶しています。

見田さんについては後日譚があり、それからずっと縁がなかったのですが、二年ほど前に加藤典洋さんや大澤真幸さんとの対談に出てもらった時に再会した。五十年の空白があったので、見田さんは最初に会った時が大学院生で、今度会った時は東大名誉教授になっていた。そういう執筆者の例は見田さんしかいないですね。

ですから六三年から自分の企画が立てられるようになり、六五年になってようやく『週刊読書人』の編集者として一人前になったのではないかと思っています。

――具体的にいいますとどんな企画ですか。

26 対談「ルポ・ライターの見た戦後史」

植田 一九六五年には舟橋、北小路対談に続いて、「ルポ・ライターの見た戦後史」（八月十六日号）というタイトルで、梶山季之氏と草柳大蔵氏に対談してもらった。

――ああ、これですね。このリードは植田さんが書いたものでしょうから、ちょっと引いてみます。

〝黒い霧〟のたちこめた占領時代から〝泰平ムード〟の昨今まで――様々な変転を見せながら、ことしは戦後二十年になる。この間〝安保闘争〟という画期的な大衆運動の盛りあがりもあったが、これら戦後史の内幕は未だに明らかでない部分もある。そこで、週刊誌のトップ記事で戦後の諸事件を追ってきた作家の梶山季之氏、ルポ・ライターの草柳大蔵氏に対談してもらった。

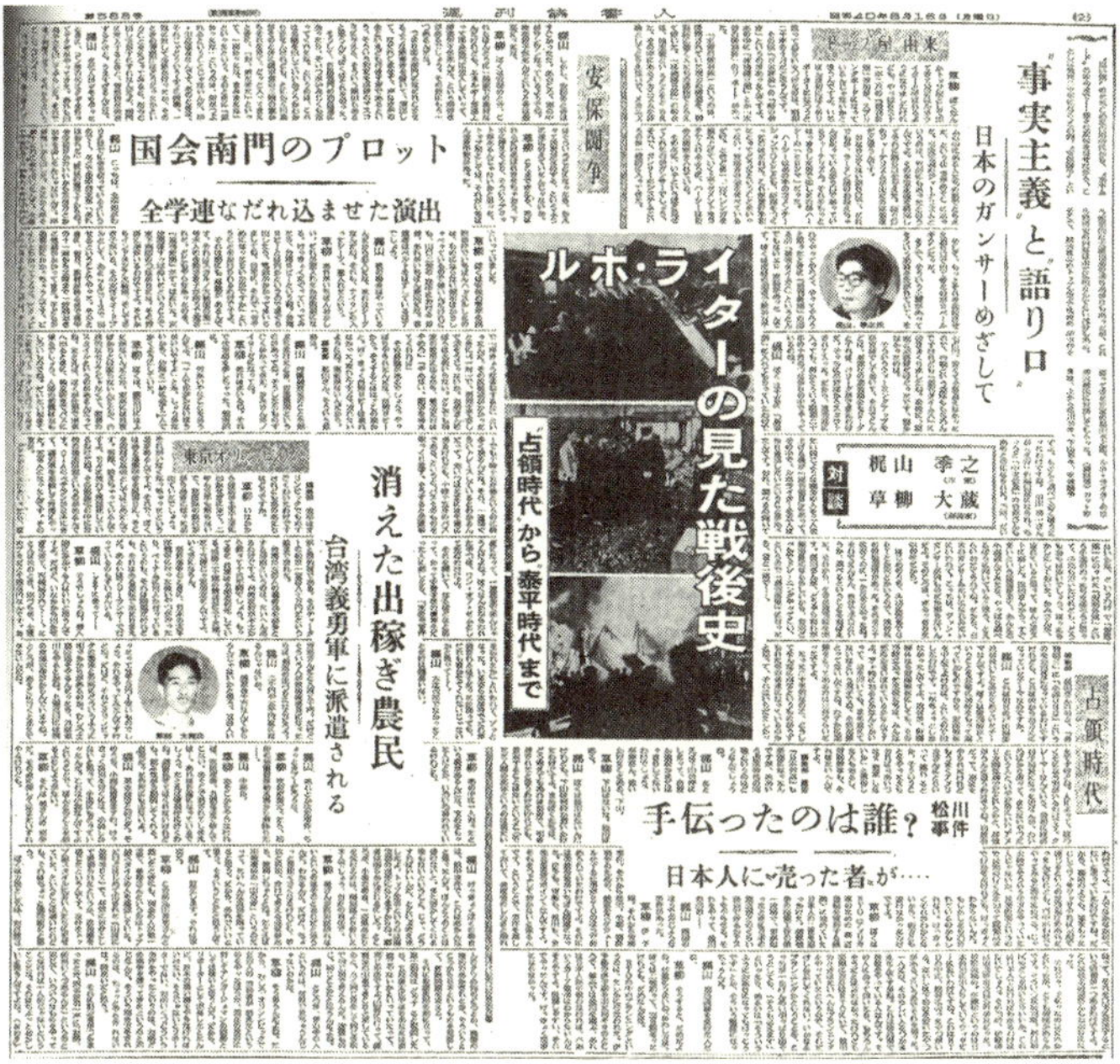

植田　これはまさに僕が書きました。梶山、草柳のお二人はここにも述べられているように、出版社系の週刊誌のトップ記事を担当するトップ屋、もしくはルポ・ライターとして活躍してきた。それで戦後二十年を迎えた年に占領時代、安保闘争、東京オリンピックにまつわる裏話を語ってもらおうと考え、企画したものです。これは説明を加えるまでもないでしょうが、この対談がきっかけとなり、このお二人に『現代マスコミ・スター』に登場してもらうことになるのです。

占領時代はＧＨＱと松川事件の関係、安保闘争における国会南通用門に全学連をなだれこませた演出の可能性、東京オリンピックの出稼ぎ農民の台湾義勇軍としての派遣などが語られていますが、ここには収録できなかった所謂オフレコ話もたくさん出てきて、その二カ月前の舟橋、北小路対談とはまったく異なる面白さがありました。

―― 私はこれを読んで、梶山がこの時代に『小説ＧＨＱ』を『週刊朝日』に連載していたことを再認識しました。以前に「梶山季之と『小説ＧＨＱ』」（『文庫、新書の海を泳ぐ―ペーパーバック・クロール』所収、編書房）という一文を書いていまして、この小説における占領下の経済への注視が財閥解体の問題と重なっていることに気づいていましたが、梶山が意識してそれに取り組んでいたことがはっきりわかりました。これらの占領下問題も松本清張が『日本の黒い霧』で先鞭をつけ、その影響も大きかったのでしょうね。清張の『ゼロの焦点』にしても占領下の問題がテーマでもありましたから。

27 週刊誌ブームとトップ屋

植田 前に僕が『週刊読書人』の愛読者になり、それに『中央公論』などの総合誌、創刊された『朝日ジャーナル』を読み、影響を受けてきたことを話しましたが、その一方で週刊誌ブームが起きていて、一九五九年だけでも『朝日ジャーナル』の他に『週刊現代』『週刊文春』『週刊平凡』などが創刊された。その前年には『週刊大衆』『週刊明星』『女性自身』なども創刊されており、五六年の『週刊新潮』に端を発する出版社系週刊誌のブームが押し寄せていた。

それもあって『週刊読書人』に入ってからは特に週刊誌の世界とそこに多くいるこれまでとはちがう書き手、つまりトップ屋とかルポ・ライターと呼ばれている人たちに興味を持つようになった。彼らはこれまで論じられなかったテーマや分野を描こうとしていた。そうしたことと関連して、松本清張の社会派ミステリー『点と線』『ゼロの焦点』、水上勉『霧と影』『海の牙』も出され、それらは六〇年安保闘争がもたらした社会批判と重なるところがあった。その安保と同年に『文藝春秋』に連載されていたのが、松本清張の『日本の黒い霧』で、安保のみならず、様々な事件がアメリカや占領の問題と絡んでいることを浮かび上がらせた。それで僕もリードを「〝黒い霧〟がたちこめた占領時代」という言葉から始め、梶山さんたちもそれらを含めた戦後史の謎を語ることになります。

―― この「出版人に聞く」シリーズ16の『三一新書の時代』の井家上隆幸さんも六〇

年代の週刊誌ブームの中にいて、いくつもの週刊誌のアンカーをやっていたと話してくれました。

そこに集まっていたライターや取材記者は多士済々で、六〇年代以後の出版業界の発展と成長はそうした多種多様な人材を抜きにして語れないでしょうね。

植田 もう少し後で話すつもりでしたが、実は僕も『女性自身』のアンカーを務めていました。

――本当ですか、それはまったく知りませんでした。でもそのことは後でうかがうことにして、この梶山、草柳対談から派生した企画もありますよね。

28 「戦後史の現場検証」

植田 それは一九六六年一月から始まった「戦後史の現場検証」です。これは草柳さんの提案で、梶山さんとの対談の延長線上にあり、執筆者の一人として草柳グループにいた松浦総三さんを紹介してもらった。それで松浦さんを始めとする取材経験が豊富な人たちに戦後史における事件を検証する連載を執筆してもらうことになった。

松浦さんは二〇一一年に亡くなられましたが、改造社の出身で、共同通信の斎藤茂男さんなども加わり、色々と読ませる記事を書いてもらった。それで週刊誌記者や新聞記者たちとの交際も深くなった。一面ではなく、二面掲載でしたけど、「ルポ・ライターの見た戦後史」という対談を企画し、それを通じて草柳さんと知り合ったことが大きかった。彼が連載タイトルを「戦後史の現場」でどうかといわれたので、僕がそれに「検証」という言葉を付け加え、「戦後史の現場検証」にしたわけです。

これは毎週連載で、松浦さんの「プロローグ」から始めて、「一九四五年の実像」に続き、青地晨「2・1スト中止命令」、矢加部勝美「『政令二〇一号』公布」「〝民同〟勢力の台頭」などへと及んでいきます。そのエポックとなったのは吉永春子さんの「〝松川〟の黒い霧」でした。吉永さんは当時TBSの報道部に在籍されていたので、内容もとてもリアルで、奇怪な数々の事実を盛りこんだこともあって、非常に評判になった。それで今度、僕は吉永さんに「闇の戦後史」という連載を書いてもらおうと思ったのですが、残念ながら、これは実現しませんでした。

―― かなり長い連載でしたよね。

植田 この「戦後史の現場検証」は翌々年まで続き、さらに「続・戦後史の現場検証」

と続きましたので、長期にわたる連載になりました。これは前述のように梶山、草柳対談「ルポ・ライターの見た戦後史」が発端で、そこから企画を膨らませていった。だから企画というものは無から有を生むものではなく、ひとつの素材をベースにして様々に展開させていくことでもあると実感しました。

――この続編も含めた「戦後史の現場検証」は松本清張の『日本の黒い霧』とはちがう意味で、その後のノンフィクションの書き方の萌芽といいますか、ひとつのスタイルを示したと思います。でも残念なことに個々の書き手の著作には取り入れられているでしょうが、単行本化されていない。

それから同じく六五年に植田さんは三島由紀夫にインタビューしている。

29　三島由紀夫インタビュー

植田　そうです。あれは一九六五年の三月八日号掲載でものすごく印象に残っている。四人の「話題の作家たち」に「目下取組み中」の作品や仕事に関して聞くというロータリー形式のインタビューのひとつで、川端康成、石川達三、有吉佐和子、三島由紀夫らを

三島由紀夫氏が、近々、三千枚に及ぶ長編にとりかかるという。以前、「鏡子の家」を書いたときは、作品を発表する前に構想をしゃべり過ぎ、後で困ったので、あまりくわしくはしゃべりたくないという氏を、ホテル・オークラ内にある行きつけの理髪店に訪ねてみた。

「現代の文学には、大きな思想が根底になくてはならないと思いますね。いま"大乗仏教"の哲学に惹かれているものだから、こんどの作品では、この思想がテーマになります。あつかう時代は、明治の末から未来までで、一主人公の年代記という形はとりません」

作品の全体は四巻になり、第一巻は"たおやめぶり"、第二巻"ますらおぶり"、第三巻"[illegible]ぶり"、第四巻はSFじみた内容となる。第一巻でそれ以後の物語の伏線がさり気なく入っており、名前のとおり、室内楽的な繊細な味わいを出すという。

三島氏が"大乗仏教"に惹かれたのは、この思想に「長年考えてきたことの答があるような気がする」からだが、「唯識論の対象として、最も世界に対して体系化された思想だと思います。非常におもしろいですね」と語る。

すでに京都にも行って、清水寺の九十二才になる老僧に会ったりしているが、五月頃から『新潮』に連載を始める。完成は、六年後になるだろうというが、いま宗教文学などを[illegible]しない

6ヵ年計画で大長篇を

三島 由紀夫氏

するところ。

「この作品にかかると、短編も書かないつもりです。いまやっておかなければ、時機を失うおそれがありますからね。とにかく、作家というのは、頭はいらないけど体力がなければ駄目ですよ」

三島氏の肉体的鍛練については、すでに有名だが、太り過ぎの作家は"不摂生"だというだけに、現在の動き振りを大切に

しい構想だ。いま、[illegible]執筆中なので、ホテル住いだが、三月から四月にかけて、英国文化振興会の招きで、イギリスに行く予定もある。

三島氏は最近、光文社のカッパ・ブックスで出版された山田宗睦氏の『危険な思想家』で、"戦後民主主義を否定する人びと"の中にあげられているが、「この本はおもしろいね。こういう形でとりあげられるのは、名誉なことだよ。だけど何となく恐る恐るやっている感じだね。批判するなら、もっと徹底的でなければいけないね」と、笑いながら注文をつける。

挑戦的な思想を——という三島氏が、いま注目しているのは、吉本隆明氏である。三島氏は吉本氏の著書「模写と鏡」に自ら推薦文を書いている。

「あの人の思想にある挑戦的ロマンティスムに惹かれますね。デモーニッシュな魅力があるし、保田与重郎さん以来の危険な魅惑を与える思想家だな。文学的にもおもしろいしね。批評家は本質的に詩人でなければいけない。ぼくは、ウルトラの思想に興味があるんだな」

だから、"左翼優等生"には興味がない、という。このように、思想的にも独特な嗜好性をもつ三島氏だが、次作の長編に期待しよう。（U）

写真はホテル・オークラ内のスナックバーで

共同でインタビューしたが、三島さんを僕が担当し、ホテル・オークラの理容室を訪ね、理髪中の三島さんの前でインタビューした。

そうしたら、これからとりかかる三千枚に及ぶ全四巻という長編について話してくれたわけです。まだ『豊饒の海』という総タイトルも明かされませんでしたが、新たな大作を前にしての雄大な構想を語ってくれた。その第一部「春の雪」が『新潮』で連載され始めるのは一九六五年九月号からですから、僕がインタビューした二月にはすでに書き進められていた。三島さんはそんな昂揚

感に包まれていたように思われます。

——これもぜひ再録したいですね。三島の写真もいいですし、何よりも吉本隆明について肉声で語っているのも貴重でしょう。

植田 僕のほうはかまいませんし、三島さんへのインタビューは僕にとってても印象深いものなので、そうしてくれればとてもうれしい。

——吉本隆明の件を読んでみましょう。

戦闘的な思想を——という三島氏が、いま注目しているのは、吉本隆明氏である。三島氏は吉本氏の著書『模写と鏡』に自ら推薦文を書いている。

「あの人の思想にある根底的ロマンティスムに魅かれますね。デモーニッシュな魅力があるし、保田與重郎さん以来の危険な魅惑を与える思想家だな。文学的にもおもしろいしね。批評家は本質的に詩人でなければいけない。ぼくは、ウルトラの思想に興味があるんだな」

だから、〝左翼優等生〟には興味がないという。

30　対談「『戦後』をつくった本―20年の思潮の担い手たち」

――それからこれも植田さんの企画で、一九六五年十一月一日、同八日号と連続で、久野収と荒正人の対談「『戦後』をつくった本―20年の思潮の担い手たち」という特集が組まれています。これは六五年時、つまり今から半世紀前の本と読書の現在を論じていることになりますので、ここでふれないわけにはいきません。まずこのような対談を企画したモチーフはどのようなものだったんでしょうか。

植田　これは読書週間に合わせた企画でもありましたが、安保闘争を経て二十年を迎えた戦後を、本を通じて検証することを試みたものです。いわば戦後における本と思想の関係をたどろうとした。今になって思えば、久野さんと荒さんの人選と組み合わせがふさわしかったかどうかについて、色々な意見があるでしょうが、当時の僕としてはこのお二人でよかったのではないかと思っていました。

まず対談は流行としてのベストセラーから始まり、戦後から現在にかけてのものが挙げられている。尾崎秀実『愛情はふる星のごとく』(世界評論社)、永井隆『この子を残して』

（講談社）、マーク・ゲイン『ニッポン日記』（筑摩書房）、波多野勤子『少年期』（光文社）、笠信太郎『ものの見方について』（河出書房）、壺井栄『二十四の瞳』（光文社）、遠山茂樹他『昭和史』（岩波新書）、小田実『何でも見てやろう』（河出書房新社）、岩田一男『英語に強くなる本』（カッパ・ブックス）、原田康子『挽歌』（東都書房）などです。

久野さんにしても荒さんにしてもリベラルな思想を持っておられるから、流行としてのベストセラーをふまえた上で、「『戦後』をつくった本」を論じるという姿勢は共通している。それからもうひとつの共通認識は六〇年代に入ったあたりで、読者層の量的拡大があり、これも今の言葉でいえば、エンターテインメント的読書の時代を迎えるに至るという事実です。

――それは自らを振り返っても事実ですね。六五年に私は中学生でしたが、世界文学全集を読みながら、その一方でミステリーと時代小説、具体的にいいますと、イアン・フレミングの007シリーズ、山田風太郎の忍法帖シリーズ、柴田錬三郎の眠狂四郎ものなどを愛読していました。ちょうど読者層の量的拡大とエンターテインメント的読書の時代に寄り添っていたことになる。

植田　そういう傾向を称して、お二人はアメリカのペーパーバックの特色が日本にも流入し、国際化してきたといっている。それと新しい出版形態としての週刊誌の出現、とりわけ女性週刊誌は女の人の考え方を変えたし、本というものを相対化させたのではないかとも指摘している。

そのような中でも戦後において重要な役割を果たした本が五十冊余り取り上げられ、論じられていくことになり、それが一回だけでは終わらず、二回続けての掲載となった。昭和史と転向の問題、戦争の思想史、被支配者の証言、戦後文学のこと、国境を超える思想と日本伝統への回帰、今西生態学、自己教育をめぐって、松川裁判など多岐にわたりましたから。

―― ベストセラーはもちろんのことですが、このリストを見て、本が読み継がれていくのはとても困難なことだとしみじみ思いました。それに加えて、植田さんより一回り下の世代である私の意見を少し述べさせて下さい。今一度、久野や荒の話を要約するよりも、かえってそのほうがよりアクチュアルで、僭越ながら現在から見ての逆照射になるように思われるからです。いいでしょうか。

植田 ええ、かまいませんよ。

―― まずわずか戦後二十年の間にこれだけの本が刊行されたことにあらためて驚きま

す。それは現在のバブル崩壊後の二十年に出された本と比べれば、まさに一目瞭然です。
それから七〇年代まではこれらの大半が書店や古本屋でスムースに入手でき、実際に半分くらいは読んできた。しかしそのような読書の系譜は私たちまでで、今は大型書店にいっても購入できるのは数点でしょうし、もはやほとんど読まれていないといっても、あながち間違っていない。それは自分の子供たちの読書傾向を見ても明らかです。本当に本の伝承は難しく、これらの本も井上ひさしの一文のタイトルではありませんが、戦後と共に去りぬといった思いに捉われてしまいます。

植田　そういわれると返す言葉が見つからないほどですが、大半が事実だと見なすしかない。ただあなたの指摘を聞きながら、『バブル以後』をつくった本―失われた20年の思潮の担い手たち」という新たな企画を思い浮かべました。久野、荒対談は書き原稿ではないしゃべり原稿でしたので、この手の本に関する話の中では動きがあり、今読んでもあの時代の本に関する思いにリアリティがにじんでいる。

第Ⅲ部

31　一九六五年の企画

――本当はもっと植田さんにそれを解説してもらえばよかったのに、つまらないことを申して恐縮です。このような「『戦後』をつくった本」対談ですから、もう少し言及すべきかもしれませんが、一冊ずつ取り挙げていくわけにもいきませんので、先に進みます。

一九六五年というのは編集者としての植田さんにとっても重要な年で、これまでにふれてきた「〝革命の『初心』を忘れるな〟」や「ルポ・ライターの見た戦後史」や「『戦後』をつくった本」といった対談の他にも、多くの一面記事や特集を企画している。これもひとつずつ言及できませんが、タイトルだけでも挙げて頂けませんか。

植田　そうですね。六五年というのは確かに僕にとっても大切な年だった。ここら辺から自分の企画で、少し紙面を変えることを意識し始めましたからね。それでは特集や記事も含めて挙げてみます。

＊「肉体的日本人論―岡本太郎氏の新しい提案」（二月一日号）

＊「〝ジャーナリズム〟を考える―新しい編集者をめざす三つの活動」（二月八日号）

＊「裁かれるべきは誰か―最終判決をむかえた〝ポポロ事件〟」（二月十五日号）

＊「『建国祭（まつり）』論議のあと―紀元節復活問題をめぐる三つの立場」（二月二十二日号）

＊草柳大蔵「大宅壮一の実像と虚像―50年の評論活動を支えるものは何か」（三月八日号）

＊大宅壮一、荒垣秀雄、飯沢匡座談会「戦後日本の〝罪と罰〟―世相・風俗から見た20年」（五月三日号）

＊「〝ただ一つ、ベトナムに平和を！〟―高まる文化人・市民・マスコミの動き」（五月十七日号）

＊開高健、小田実対談「戦後の思想・戦後の体験　―　〝明治ブーム〟に抵抗するもの」（六月七日号）

＊リポート「苦悶する日本映画　その実態と復活の可能性をさぐる」（七月十九日号）

＊「『日韓』で潰されたマスコミ―忍びよる言論統制の実態」（十一月二十九日号）

――このリストを見ますと、植田さんが自分の企画を『週刊読書人』へと反映させていくプロセスがよくわかります。そしてその関心が一貫して、戦後なるものとジャーナリズムであることも。

植田 僕は戦前の生まれですけど、この頃は自分が戦後とジャーナリズムの子であることを強く意識するようになっていた。それが企画に強く表われたということでしょうね。

32 座談会「戦後日本の〝罪と罰〟」

――本当は一本ずつコメントしてもらえば、一番いいんでしょうが、ちょっとそれはできないので、この中で強く記憶に残っているものをひとつだけ挙げてくれませんか。

植田 それはやはり草柳さんの大宅壮一論もさることながら、大宅さんたちの座談会「戦後日本の〝罪と罰〟」です。この掲載は「創刊7周年記念特集号」でしたし、明治百年ブームの中で戦後の二十年とは何であったのかを、世相や風俗を通じて論じてもらったものので、荒垣さんは「天声人語」の執筆者、飯沢さんは風刺劇を本領とする劇作家という組み合わせだったからです。

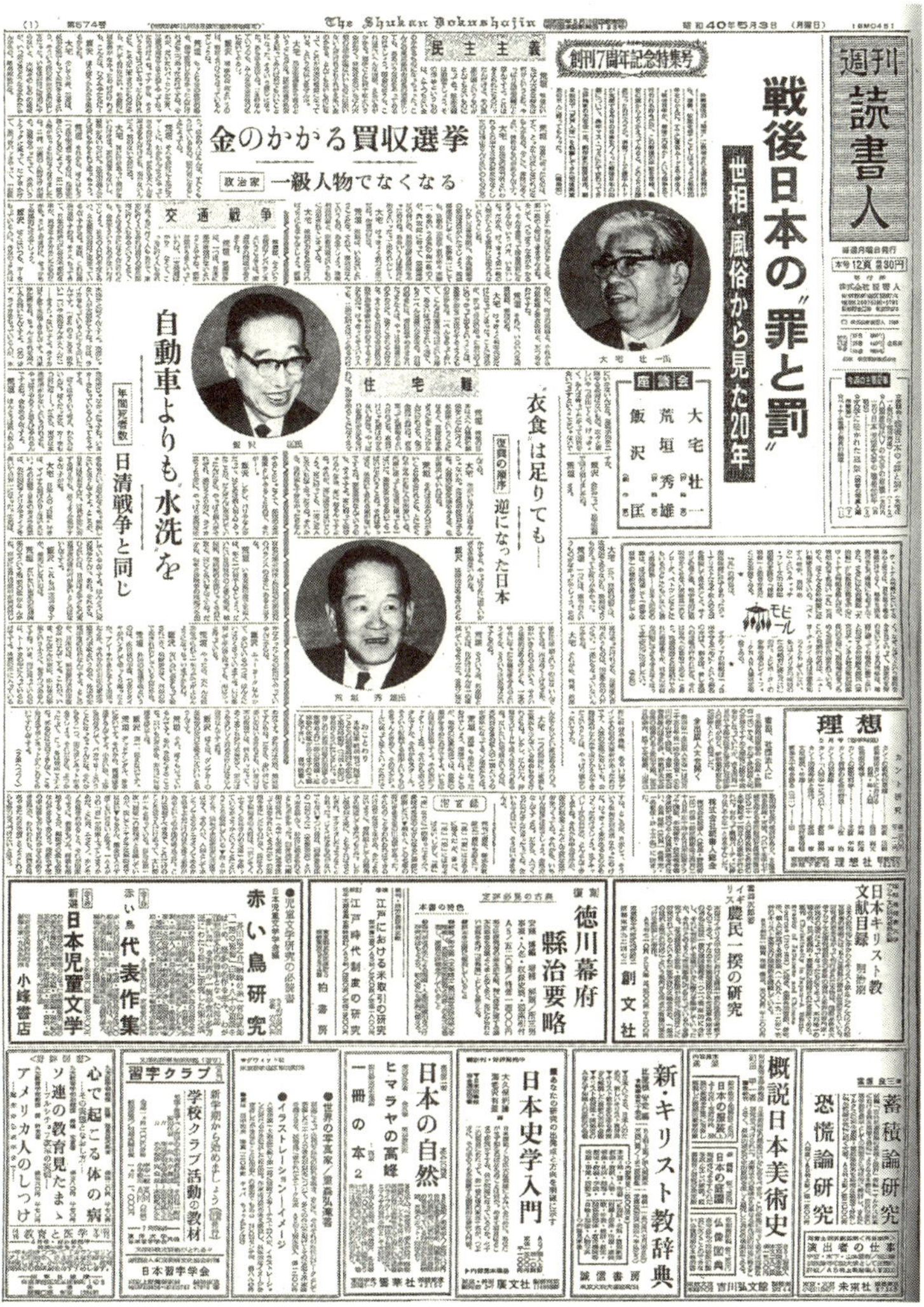

The Shukan Dokushojin　第574号　昭和40年5月3日（月曜日）

週刊読書人

創刊7周年記念特集号

戦後日本の〝罪と罰〟

世相・風俗から見た20年

座談会
大宅壮一
荒垣秀雄
飯沢匡

大宅壮一氏

民主主義

金のかかる買収選挙

政治家　一級人物でなくなる

交通戦争

自動車よりも〝水洗〟を

年間死者数　日清戦争と同じ

飯沢匡氏

住宅難

〝衣食〟は足りても——

復興の順序　逆になった日本

荒垣秀雄氏

――私見を述べますと、植田さんはこちらのほうが後ですが、舟橋、北小路対談「〝革命の『初心』を忘れるな〟」を企画する一方で、このような世相と風俗から見た現在をウォッチするという複眼的視点を持っていて、その柔軟な姿勢が植田さんの特色ではないかと思われます。ハイアングルとローアングルを合わせ持つといいますか。

植田　そういわれると照れくさいですが、それこそこのお三方はそれを体現している人たちで、この座談会がきっかけで、僕は大宅さんに弟子入りするようなかたちになる。その意味でも記念すべきものですね。それから六〇年安保から五年経った日本の社会状況、それは消費と泰平ムードですが、その真っ只中での発言で、戦後二十年の問題がよく浮かび上がっていると思いますので。

論じられている内容を挙げてみますと、戦後は民主主義が最大の特色であるとの前提から始まっている。ところがそれを支える選挙は金力と体力、物資力と組織力で、第一級の人物が出なくなった。ただ経済では軍事費がなく、自衛隊にしても国家予算の一割にも充たないので、産業界に金が回り、それゆえに立ち直りが早かった。

それから交通戦争がもたらす一万数千人の日清戦争に匹敵する死亡者、衣食は足りるようになったけれど、復興が後回しにされたことによる住宅難、ラジオやテレビの発達によるタレントの御用聞き化、雑誌と週刊誌の増加を通じての文学の質の変化と大量生産、キリスト教を背景としないセックス文学の隆盛、新興宗教の日本における真の宗教化、資本主義の中でのスポーツのショー化、消費者の女王化なども俎上に載せられています。

これらはすべて一九六五年時点での観察と意見だけれど、それらの問題はまったく解決されていないどころか、事態はもっと悪くなっているともいえる。

―― そうですね。集団的自衛権と自衛隊じゃないけど、すべてに歯止めがかからないような感じで進んできている。交通事故死亡者数だけは飲酒運転に関する罰則強化などで若干減少しているものの、代わりに自殺者は年間三万人にも及んでいて、トータルとしての社会状況の在り方を告げているようにも思われますからね。

植田 そうした現在の状況について、大宅さんたちだったらどういうのか聞いてみたい気がします。とにかく大宅さんの場合、ジャーナリストというだけでなく、名コピーライターでしたから。今からは想像できないかもしれませんが、マスコミにしても何か事件があれば、大宅さんがどのように批評するのかを期待し、それに対し大宅さんは明確な言葉で診断し、それは人口に膾炙したし流行語になった。

例えば、戦後急増した大学に対して「駅弁大学」、ゴルフ場に関して「緑の待合」、テレビづけ社会を称して「一億総白痴化」と命名し、それらの社会批評を伴う造語は広く社会へ浸透し、今でも時代のリアリティを示す言葉として残されている。そのようなジャーナリスト兼評論家は大宅壮一だけでしょう。

33 大宅壮一氏の〝雑草文庫〟訪問

――そのかたわらで、大宅は後に大宅文庫として知られる膨大な資料収集にも励んでいた。座談会の前年の一九六四年の『週刊読書人』（五月二十五日号）に「大宅壮一氏の〝雑草文庫〟」というインタビュー記事が掲載されていますが、これも植田さんですか。

植田　これも僕です。

――やっぱりそうでしたか。いつも匿名記事の場合、植田さんは「(U)」を使っておられるのに、こちらは「(Y)」だったので、ちがうのかなとも思っていました。

植田　「(U)」の場合は苗字、「(Y)」は名前のイニシャルで、たまたまここでは後者を使っているだけですよ。

ただこの訪問インタビューは新鮮で刺激的でした。書評紙の編集者として、蔵書家や愛

大宅壮一氏の
〝雑草文庫〟
仕事と密接に結ぶ
総ての本を〝民主的〟に

書家は見慣れていても、戦前の総合雑誌を始めとする多種多様な雑誌に加え、戦後のカストリ雑誌から週刊誌までを集めた「雑草文庫」というのは大宅さんならではの発想で、しかもその内容を検索するための索引カードまで作成していましたから。これが後に「大宅壮一文庫」へと発展継承されていくわけですが、ノンフィクションやマスコミ関係者で、「大宅壮一文庫」に世話にならなかった人はいないといっていいでしょう。

―― 民間の国会図書館に匹敵するといっても過言ではないと思います。しかも一万誌五十六万冊に及ぶというその雑誌収集たるや金銭的なことも含め、大変な労力がかかっている。

植田 そこが大宅さんのすごいところで、一冊十円の雑誌でもカード取りに一日かかる。雑誌を買うのに百万円使ったとして、収容設備に百万円、整理などの人件費に二百万円が必要だと語っていました。それもそのはずで、常時六、七人が働いていました。

大宅さんは「雑草文庫」というライブラリーをバックヤードにして、ライフワークの大正史『炎は流れる』（文藝春秋新社）の刊行を始めていましたが、僕なども「大宅壮一文庫」をどれだけ利用させてもらったかわからないほどです。仕事のための資料を求めるだけでなく、この文庫にこそ大宅さんの存在と仕事の意味がこめられていると思っています。現在僕は大宅文庫の副理事長を務めているのですが、そういう事情もあってのことです。

34 大宅壮一インタビュー

――そうした「雑草文庫」訪問インタビュー、一九六五年の座談会「戦後日本の〝罪と罰〟――世相・風俗から見た20年」の経緯があり、これらに続いて、六六年の大宅壮一氏に聞くというインタビュー特集「現代〝マスコミ転向〟論――右旋回する思想・文化界への警告」（二月十四日号）が組まれることになったのですね。

植田 これは『サンデー毎日』（二月二十日号）の「またも〝転向〟の季節を迎えて」と

いう大宅さんの「サンデー時評」を受けたものです。大宅さんはそこで最近の日本の風潮が右旋回し、思想や文化領域に戦後の再転向、もしくは再々転向に向かう傾向が見られ、それはまたしても弱い精神力が強い外的圧力に屈するという精神力学現象と見るべきだと指摘していた。この大宅さんの発言を受けて、その意図するところと転向論について、インタビューすることにしたわけです。

――転向というと、私などは平凡社から出された思想の科学研究会編の『転向』全三巻を思い浮かべてしまいます。これは前掲の『「戦後」をつくった本』での「取り上げられた著者と本」にも含まれ、五九年刊行ですので、もちろん大宅の発言もリンクしている。

植田　それは当然ですが、ここで大宅さんがいっているのは戦前の転向は治安維持法や天皇制というタブーによるものだが、それが一応なくなった戦後のタブーはマスコミで、これが社会的圧力になっている。戦後は誰もかれもが民主主義を唱えていたけれど、その風潮が変わってきた。左翼にしても冷戦構造が変わり、これまではアメリカとソ連の対立でよかったが、今はソ連と中共が分裂し、ソ連とアメリカが接近する事態になってきた。するとこれまでの共産党から社会党まで含まれる進歩的とされる陣営にも分裂が起き、分解作用が始まっているということです。

そうした分解の中にあって、共産主義の進歩的なイメージが疑われるようになり、最後に残るのはナショナリズムということになる。この国際的分解がマスコミに反映され、特に大学教授たちは様々な動きと角度によって、別な思想やスローガンを唱えるようになる。マスコミにはそういった思想的娼婦に類する人間、流行とお客の好みで今までの立場を何度も変える人間がいる。それもマスコミが信用されないところでもある。

だから軽々しく思想的リーダーになることは慎むべきだし、大多数の権威はメイキャップされたもので、大衆の利益を犠牲にしていることが多い。それらを回避するためには自分を知り、無理をせず、外的圧力に屈しない強さを持つことであると述べている。このような視座を称して、大宅さんは「無思想人宣言」というのを唱えているわけです。

―― ソ連邦崩壊やベルリンの壁の消滅もあったけれど、そうした意味において、マスコミ状況も大学教授も何も変わっていない。

35 「変貌する〈本〉の世界」

植田 そう、それで大宅さんがいっていたように、現在に至ってはナショナリズムだけが残ってしまった。

――そのことはひとまず置くことにしまして、大宅のマスコミ状況発言の流れを追うかのように、一九六七年の読書週間特集号として、「変貌する〈本〉の世界―現代出版文化の周辺を抉る」（十月三十日号）が掲載されている。これも植田さんの企画で、リードは「最近書物自体が、いわゆる古典的イメージではとらえられなくなってきた」と始まり、「新書判や週刊誌の登場によって、出版文化が、大きく変質し、大量出版の道を歩んでいる。そこで、このように変質した出版文化の中で、われわれ読書人は、どのように対処すべきか」と続いています。やはり六〇年代半ばにおける社会の変化とともに、「変貌する〈本〉の世界」も注視せざるを得なくなったことを告げている。

植田　この特集は鈴木均、稲葉三千男、石川弘義さんに執筆してもらいましたが、メインは鈴木さんですので、彼のいわんとするところを要約してみます。

出版物が消費文化の一種にすぎなくなり、新書判と複製豪華本の両極に分化している。月刊誌に比べ、週刊誌は無署名で無名の読者とつながり、ベストセラーも百科辞典に象徴されるように特定の著者によらず、一般読者に向けて書かれている。出版企画は実利的関心に応えるものに比重が置かれ、それらは複製出版である。そうしたマス出版ではなく、

(1)　第698号　The Shukan Dokushojin　昭和42年10月30日(月曜日)

週刊 読書人

定価10円 月ぎめ30円

発行所 株式会社 読書人

変貌する〈本〉の世界

特集 現代出版文化の周辺を抉る

読書週間 特集号

ツイッギー文化時代　安岡 章太

"蔵書感覚"のない読者層

"新書判"と"複製豪華本"と

印刷物洪水時代の読書法

"読破"から"破読"へ

路破ス万巻ノ書、読破ス万巻ノ書

ベストセラー告知板

それぞれの読者の本来の生き方に関わる出版物の創造なくして、著者も読者も思想も知識も成立は不可能ではないのか、こんなところですね。

――あまりにも古典的にしてナイーブな意見ですが、おそらくこの時代に戦前からの知識人が持っていた本に関するイメージが崩壊、もしくは切断され始めたことがわかります。

高度成長期における社会の様々な変化が本の世界にも押し寄せてきていた。そのように考えていいですよね。

36　大宅壮一東京マスコミ塾

植田　そのことにいち早く気づいていたのはやはり大宅さんだったと思います。出版も含めた広義のマスコミも変わっていかざるをえない。それで「変貌する〈本〉の世界」特集と同年の一九六七年に「大宅壮一東京マスコミ塾」を始めるわけです。

――これに植田さんも応募し、受講することになるのですが、そこら辺の経緯と事情をお聞かせ下さい。

植田　この塾はマスコミ人養成のための塾とされていたが、大宅さんが理想としていた人間の精神的異種交配をめざすもので、単なるマスコミ人養成塾ではなかった。それもあって当時は現代版松下村塾とされ、様々な話題を呼びました。

そのために応募者も多く、六百数十名にも及び、その中から論文審査と面接試験で六十名が選ばれた。幸いにして僕もその一人に入り、受講することができた。

――カリキュラムの内容や講師陣の顔ぶれはどうなっていたのですか。

植田　第一期は三ヵ月間、毎週二日ずつ、これは夜ですが、ジャーナリストや編集者を呼んで、各人のジャーナリズム、編集、取材に関する講座を開いた。講師陣は大宅さんを始めとして、草柳大蔵、扇谷正造、梶山季之、藤原弘達、青地晨、大森実、松田ふみ子、大隈秀夫、小谷正一、牛山純一、小和田次郎（原寿雄氏のペンネーム）などの錚々たるメンバーで、池島信平、神吉晴夫、嶋中鵬二、黒崎勇、三枝三枝子さんなど出版人もいた。

そうした著名な講師陣の魅力もありましたけれど、僕が入塾を希望したのは六五年の草柳、梶山対談「ルポ・ライターの見た戦後史」の中で、草柳さんがふれた「語り口のジャーナリズム」という問題提起に触発されたからです。

――ジョン・ハーシーの『ヒロシマ』（石川欣一・谷本清訳、法政大学出版局）に見出される、声高に主張しないラーメン屋のおねえちゃんの語り口によるジャーナリズムというものですね。

植田 そうです。僕はお二人の対談以来、その「語り口のジャーナリズム」がずっと気になっていた。草柳さんは『週刊新潮』の創刊に参加し、「語り口のジャーナリズム」によって出版社系週刊誌のトップ記事のスタイルをつくり出した。だから当時のマスコミを決定した手法でもある。この問題を考えていくと、どうしても草柳さんの師匠である大宅壮一に突き当たる。それが入塾を希望した理由です。

――その植田さん以外の受講メンバーはどういう人たちだったんでしょうか。

植田 これは多彩なメンバーで、第一期生は大学生、マスコミ人、主婦など十七歳から六十歳までいて、大宅さんのいう各大学、各職場の老若男女を精神的に異種交配し、新たな人間の品種を生み出すにふさわしいものでした。

そういう異種交配的な塾だったので、六七年から七〇年までの八期にわたって開かれ、入塾生は延べ四百八十名に及んでいる。この中には漫画家の安岡明夫、血液型を流行させた能見正比古、テレビキャスターのばばこういち、ノンフィクション作家となる大下英治、『週刊読書人』の元編集者で作家となる森詠などもいました。大宅さんはそれらの様々な人間をひとつの教室に集めることによって、同一年齢でクラスを形成し、画一化してしまう学校教育、あるいはエリート教育に対するアンチテーゼを提出し、精神的異種交配によって新しい人間のタイプを造型しようとした。だからこの塾は「マスコミ塾」というよりも、「人間塾」と呼ぶほうがふさわしかったと思います。それはまた「大宅壮一文庫」の古典的書物よりも雑書、雑誌のほうを優遇する方針とも通じているわけです。

―― 私はうかがっていて、それを一般的なかたちにしたのが後のカルチャーセンターなのかと思いました。

植田 確かにそう捉えることもできるし、大宅塾はカルチャーセンターの先駆かもしれない。

37 「〝大宅マスコミ塾〟入門記」

―― 『週刊読書人』の一九六七年三月十三日号から始まる、植田さんの聴講レポート「〝大宅マスコミ塾〟入門記」は、そのリアルタイムでの連載なんですね。

植田 開講して一ヵ月経ったあたりで始めましたから、そういっていいでしょうね。

昭和42年3月13日（月曜日）　週刊読書人　第666号　(2)

〝大宅マスコミ塾〟入門記

聴講レポート

〝マスコミ的人格〟とは？

第1回

〝まず足をとめさせる〟

性格を漫画的に拡張して表現する手口を学ぶこと

NEWS TOPIC GOSSIP MEMO GUIDE NEWS TOPIC GOSSIP GUIDE

読書人コーナー

「ヴァレリー」や「小泉信三」

太宰、井伏など、個人全集ブーム

近刊あんない

〝地方百年史〟さかんに

とぴっく

懐しの〝漫画〟〝挿絵〟の復刊

「のらくろ」「冒険ダン吉」が

マガジンレーダー

〝〝〝〝〝〝 4月号の総合誌・文芸誌 〝〝〝〝〝〝

中央公論　文芸春秋　世界　展望　自由　現代の眼　文学界　新潮　群像　文芸

お知らせ

風景 4月号

NEWS TOPIC GOSSIP MEMO GUIDE NEWS

これは今だと著作権的に難しいのかもしれませんが、講義と講師の著書を付け合わせしながら、聴講レポートとして一年近く連載したものです。これは第二面の連載で、その隣に「読書人コーナー」というのが同時に始まっていますが、これも僕が企画したもので、ずっと二面を独占するようなかたちとなり、非常に愛着が深い連載となりました。

—— これはとても充実した連載で、単行本化されていないのが残念です。そこで私がその主な内容をリストアップしてみます。

＊大宅壮一の五十年に及ぶマスコミ的方法論とその手法。
＊戦後における週刊誌文化の開拓者で、『週刊朝日』元編集長扇谷正造の平均的読者論。及び国民の教育者として講談社の技術で、岩波書店の内容を読者へと伝えること。
＊大森実が語る国際ジャーナリズムの原則。
＊小和田次郎『デスク日記』（みすず書房、後に弓立社より復刻）に見られる潜在ニュースの発掘。
＊元新聞記者で電通顧問小谷正一によるマスコミ観と広告、ＣＭとスポンサー問題。

＊藤原弘達が語るジャーナリズムとアカデミズム。
＊日本テレビディレクター牛山純一が取り組むアジア・ドキュメンタリーとベトナムの戦場、及び人間主義ドキュメンタリー。
＊中央公論社社長の嶋中鵬二の編集修業と出版大衆化への道。
＊池島信平の戦後の『文藝春秋』を決定した編集理念であるトピック主義とノンフィクションの重視。
＊光文社の『少女』『女性自身』の創刊を手がけた自称雑誌創刊屋黒崎勇の戦略と戦術、読者参加形式とモニター調査。
＊『婦人公論』編集長三枝佐枝子による女性編集者論と執筆者の発掘。
＊光文社の出版プロデューサー神吉晴夫の創作出版宣言とそのプロセス、思想と行動。及びカッパ文化の誕生と成長。
＊草柳大蔵のめざす語り口のジャーナリズムとルポルタージュの出発点、その取材方法。
＊取材の果てに対象を断定するルポ・ライターのルポと主観的な作家のルポの相違。
＊ジョン・リードの『世界をゆるがした十日間』（原光雄訳、岩波文庫）における報道で

あると同時に武器ともいえるルポに見られる観察者と参加者の位置。
＊高橋和巳と吉本隆明による開高健『ベトナム戦記』批判、行為する者と記述者の乖離。

これらが「〝大宅マスコミ塾〟入門記」第三四回までに連載した主たる内容で、塾の講義と講師たちのアウトライン、それを真摯に受講した塾生としての植田さんの真骨頂が発揮されている連載だとあらためて思いました。連載中も評判がよかったんじゃないですか。

植田 それもそうですが、読者もかなり広がっていて、猪瀬直樹さんが信州大学の学生だった頃に愛読されていたようで、東京に出てこられた時、僕のところにわざわざそれを伝えるために挨拶にこられました。彼以外にも潜在読者は多くいたと思いますよ。

38　東南アジア視察旅行

――またさらにこの「〝大宅マスコミ塾〟入門記」はこれで終わったわけではなく、

第三五回から三八回まで続き、こちらは「東南アジア視察旅行取材メモ」とのサブタイトルが付されています。これは番外編とでもいうもので、この視察旅行に関しては植田さんの口から直接語って頂いたほうがいいでしょう。

植田　この旅行を企画したのは当時『人物評論』という雑誌を出していたＩＮ通信社です。ご存じでしょうけど、大宅さんは戦前に自誌『人物評論』を発行していましたので、ＩＮ通信社はそれを引き継いでいて、大宅さんと関係が深かった。それでこの旅行の報告はその年の『人物評論』八月号に掲載されています。それもあって、大宅塾の流れから東南アジア視察旅行が企画され、一九六七年五月二十七日から六月十九日にかけて、香港、マカオ、フィリピン、マレーシア、シンガポール、インドネシア、タイの七ヵ国を訪れることになった。

――ということは大宅塾の第一期が終わってほどなく東南アジア視察旅行に出たことになりますね。

植田　そういうことで、六七年はあわただしい年になりました。しかし僕には初めての海外旅行で、神戸から香港までは船旅で、四日目に着いた。メンバーは大宅壮一、青地晨、草柳大蔵、渡部雄吉、藤原弘達、大森実、梶山季之、それに塾生として、『新潟日報』

1967 年に大宅壮一、草柳大蔵、金子智一、梶山季之、青地晨、藤原弘達氏ら（前列右から）と東南アジアを視察（後方左が植田）。ボルネオの首狩族の部落を訪れる途中

の山岸駿介と僕が参加したわけです。途中参加者もいましたが、僕は船では草柳さんと同室だった。お互いに忙しい身にしてみれば、電話もかかってこない船旅は天国のような感じで、昼はデッキで本を読んだり、夜は夜でそれぞれ自由に過ごした。

でも大宅さんは『全訳千夜一夜』の翻訳原稿四百枚に手を入れて完成させ、『サンデー毎日』の時評の原稿を香港から航空便で送るために、船の中でも書いていた。それを見て、売れっ子の評論家の仕事というものは大変なものだなとつくづく思いました。

――その『全訳千夜一夜』は戦前の中央公論社の改訳版で、集英社から六七年に全十巻で出されたものですね。それを調べてみますと、第二巻の「付録」に次のような「編集後記」がありましたので、これも一興かと思い、引用してみます。

「ウミ　オダヤカ　シゴトススム　ゲンコウ三十一ヒアサ　ホンコンヨリオクル　ヘンシュウブノミナサンニヨロシク」オオヤ

こんな電報が、六月一日の朝、社に入った。

東南アジア視察団の団長として多忙な大宅壮一先生が、船中での誘惑にも負けず、「千夜一夜」第三巻の原稿を執筆していらっしゃる。この熱意に感動して、編集部一同、ますます仕事にはりきっています。

ちなみに『全訳千夜一夜』の売れ行きはすこぶる快調で、第一巻は発売と同時に品切、注文が殺到しているとのことです。

植田　それはよかった。大宅さんの船中での仕事がそのようなところにも表われていたとは知りませんでしたから。

39　各国での取材テーマ

――ところで視察旅行という名目ですから、各国での取材テーマはあらかじめ決められていたんでしょうね。

植田　香港では前年に起きた香港暴動、マカオでは中国文化大革命の余波の実態、フィリピンではアジア開発銀行、インドネシアでは九・三〇事件（一九六五年）以後の情勢を動かした学生の組織によるＫＡＭＩの取材に加え、ベトナム戦争が東南アジアの民衆に与えている影響とそれに関する意見も聞ければと考えていた。

それでまず香港から始めたが、中国は香港で外貨を稼いでいるので、その現状をすぐに変えることはない。暴動の名残りはあまり感じられなかったけれど、香港の中国人の間では反英ムードが高まり、一九九七年の租借権切れも話題になり始めていた。これらは草柳さんが香港在住の日本人ジャーナリストにインタビューし、聞き出していったわけだが、そのような取材に関して大宅さんは大宅式メモの秘密を公開してくれた。

そのメモには三段階あって、第一は現場のメモ、第二のメモは寝る前に取材メモに自分の意見を加え、取材対象を再考するもの、第三は帰国してからの包括的メモ、それらがあって初めて執筆にとりかかれるとのことだった。だから寝る前には必ず今日見てきたことは整理しておかなければならないとも忠告してくれた。

――疲れたからといって、酒を飲んで寝るだけでは駄目だよとの忠告なんでしょうね。

植田 大宅さんは酒を飲まなかったから、それも含めてのことでしょう。

――その後の旅はどうでしたか。

植田 色々と考えさせられましたね。香港ではすさまじいばかりの難民アパート群があるかと思えば、中国との国境周辺は一種の観光地化している。ポルトガルの植民地のマカオは毛沢東思想とコカコーラとギャンブルが同居していたが、マカオと中国の国境はカメラがタブーだった。マニラでは貧困と退廃を見たし、農業問題における立ち遅れも目立った。

――植田さんのメモで私の関心に見合うところがありました。それはフィリピン以後、行く先々で木彫人形が多いという記述です。私も五、六年前に郊外のリサイクルショップで一・八メートルほどある木彫女性像を見つけ、買い求めた。それはグリーンの

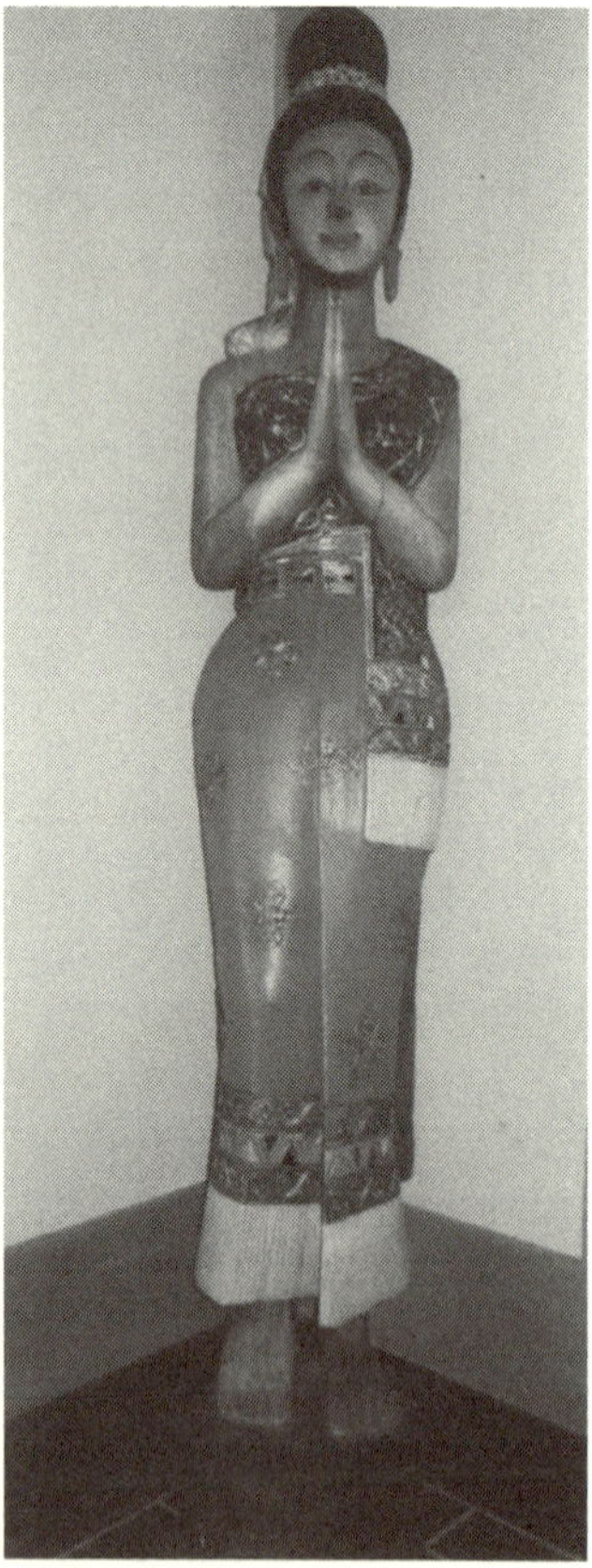

上衣、赤いスカート状のものをまとい、合掌している女性の木彫像で、顔つきからして東南アジアのものに間違いない。ずっと気にして調べているのですが、どこの国で作られたのかわからない。

ところが植田さんが木彫人形の多いのは材料が木材で、その加工賃がものすごく安いためだと指摘し、大宅も芸術的価値というよりも労働に換算したら安いものだと批評したのを読んで、まさに私が所持している木彫女性像にふさわしい言葉だと思いました。

植田　それだけ大きいものだったら、本当に女性像で、おそらく僕たちが視察旅行にいった時代に日本へと輸入されたものではないですか。機会があったら、僕もぜひ拝見したいな。

40 「9・30事件後のインドネシア共産党に関するノート」

――今日その写真を持ってきました。少し箸休めの意味もあるかと思い、掲載させて頂きます。すいません、話が脱線しまして。話を戻します。

それらの国のうちのインドネシアについては、帰国後に植田さんは「ある『民族統一戦線』の敗北 9・30事件後のインドネシア共産党に関するノート」というルポルタージュを発表していますね。

植田 一九六五年九月三十日の夜に起きた「九・三〇事件」はインドネシアの歴史的変動ともいえるもので、大量のインドネシア共産党員虐殺とそれに続くスカルノ元大統領の没落へと続いていく始まりだった。五十万人にも及ぶとされる共産党員の大量虐殺を伴うインドネシアの大変動とは何だったのか、このまたとない視察旅行という機会を得て、確かめたいと思ったのです。

インドネシア共産党（ＰＫＩ）は三百万人という党員数を誇り、スカルノ大統領による独特な政治形態である民族主義・宗教・共産主義が共存するナサコム体制の元で、均衡が保たれていた。それがスカルノが大統領の地位を追われ、共産党議長が殺されることによって、インドネシアの共産主義観がドラスチックに変わった。それは宗教＝回教徒、カトリック教徒と無神論者＝共産主義者の対立で、九・三〇にＰＫＩが左派軍人とクーデタを起こしたとされ、その真相は不明だが、それをきっかけにして共産党員の大量虐殺が始まり、ＰＫＩは壊滅状態になってしまった。

その原因は民族統一戦線の名のもとに、三百万人という世界でも有数の共産党になったのだが、量が質を保証しないにもかかわらず、体制の上部へと入りこみ、権力を拡大し、腐敗したことも「九・三〇事件」へとつながっていて、これはインドネシアだけの問題ではないという、とりあえずの見解となったわけです。

―― これは大宅のいう三段階メモに基づいて書かれたと思うのですが、その後の東南アジアの状況を考えても、この「九・三〇事件」というのは象徴的事件のようで、きわめて生々しい。植田さんの文章としても、『週刊読書人』に見られるものとまったく異なるインパクトがあります。

植田 それは僕も時代と寄り添っているわけだし、初めての海外旅行で、それもかねてから「九・三〇事件」に関心があり、インドネシアを訪れることにふれながら興奮を覚えていたので、それがこの一文にモロに出てしまったということでしょう。僕も引いているけれど、当時日本で出されていたレボルト社の『世界革命運動情報』の論考みたいなものになってもいるから。

それは僕だけでなく、大宅さんたちもスカルノ大統領と日本との関係、及びスハルト体制の行方を占う意味もあってか、親スカルノの国民党指導者との会見に際し、執拗にインタビューしたことなども影響しているはずです。

インドネシアのことも含め、トータルして、この東南アジア視察旅行はその後の僕にとって陰に陽に大きな影響を与えたし、それらの恩恵によって支えられてきたといっても過言ではない。また旅行のみならず、六七年そのものが人生の節目だったと思います。後

になって大宅さんと旅行の恩恵をはっきりと認識し、じっくり反芻し、身近に接すること
で学んだものが多くあることを実感しましたので。

41 『現代マスコミ・スター』への大宅の推薦文

――そうですよね。一九六七年は大宅塾受講から始まり、「〝大宅マスコミ塾〟入門記」の連載、東南アジア視察旅行への参加、それに続いて『現代マスコミ・スター』の書き下ろしが待っていた。これの出版は六八年ですが、六七年のフロックと考えていい。しかもその帯の推薦文は大宅が書いている。これは記念すべきものですから、やはり引いておくべきでしょう。読んでみます。

植田君は「週刊読書人」の編集者で、私の主宰している東京マスコミ塾第一期の優等生として、私たちの東南ア視察旅行に同行した人である。日本のマスコミ界のハイウェイから路地裏にまで精通し、そこで活躍するスターたちの表芸はもちろん、人柄から私生活まで知りつくしている同君の処女出版である本書は、マスコミを志す人々

ばかりでなく今や〝第四次産業〟の花形として脚光を浴びているマスコミ界の実態をつかもうとする人々の虎の巻といえよう。

戦後のマスコミを「第四次産業」と命名しているのは大宅の面目躍如といったところで、このような短文にも彼のコピーライター的センスが表われている。「第四次産業」という新たなタームはタイトルの「マスコミ・スター」のコンセプトと内容の秀逸な要約のようにも思えます。

植田　これらの人たちの呼称として、「マスコミ・スター」という言葉が適切なのかどうか、迷ってもいたのですが、大宅さんはそれを肯定する意味も含め、推薦文を書いてくれたんじゃないでしょうか。

――今考えてみても、あの時代に彼らは新しいヒーローのようにマスコミに登場してきていたし、ふさわしいタイトルだったはずです。だから私なども読んでいた。

植田　これは難しい問題ですが、『現代マスコミ・スター』を出したことで、あなたのような読者との出会いがあったし、その後の僕の方向性を決めたともいえる。五木寛之さんや作家に関する本はその延長線上で注文を受け、書かれたものですし、もし処女作が

「〝大宅マスコミ塾〟入門記」や東南アジアでの海老養殖の話、あるいはインドネシアの「九・三〇事件」をめぐるものであれば、まったく異なるコースをたどったかもしれませんから。

42 『女性自身』のアンカー体験

―― 確かにそれはいえますね。処女作があの本でなかったら、このインタビューも実現していなかったかもしれない。それは前にいわれた『女性自身』の仕事のことも含んでいるのですか。

植田 そうです。「〝大宅マスコミ塾〟入門記」を書いたことで、あそこに出てくる光文社の創刊雑誌屋を自称していた黒崎勇さんと知り合った。それで僕が『現代マスコミ・スター』を出したこともあって、まだ光文社社員だった児玉隆也さんを通して『女性自身』のアンカーをやらないかと誘われた。それで引き受けることにした。

『女性自身』には今も続いていますが、「シリーズ人間」という有名無名を問わず、時代を象徴する人物についてのドキュメント的な読み物を連載されていて、とても評判がよかった。取材にものすごく手間暇をかけるし、八ページ仕立てで、アンカーの水野泰治さんが非常に読ませる文章を書いていた。それに学ぼうとしたのですが、彼の書いたものは今読んでもすごいと思いますし、取材費がかかっているのもわかる。ただ逆に現在はあまり金をかけていないことが明らかになってしまう。

——たまたま奥野修司の赤ちゃん取り違え事件を扱った『ねじれた絆』（文春文庫）を読みましたが、これも「シリーズ人間」の取材がきっかけになっていることを知りました。それから水野は山手樹一郎の弟子で、後のミステリー、時代小説家ですね。

植田　そう、その人です。だから自分も勉強になるのではないかと思い、引き受けた。それで光文社の別館にいくようになった。土曜日にデータ原稿が上がってきて、日曜日に執筆し、月曜日に光文社に届けるが、一回では採用にならない。それで光文社の別館で一晩徹夜して書き上げ、朝になると『週刊読書人』の仕事に出かけた。

——平行してやっていた。これは井家上さんからも聞きましたが、彼も三一書房の仕事のかたわらで、やはり週刊誌のアンカーをやっていたということですから、当時は編集者がかけもちで仕事をするのはめずらしくないどころか、当たり前だったようですね。

植田　もちろん出版社によってでしょうが、アルバイトが大目に見られていたことは事実です。だから僕もアンカーを平行してやっていた。でもその際に「シリーズ人間」などが仕上げられていくのを脇で見ていて、このスタイル、ストーリーを『週刊読書人』にも生かせないかと思ったりして、実際にそれを「読書人ヒューマンストーリー」として実現させたりもしました。だからアルバイトも本業に役立っていたことになる。

――それで「読書人ヒューマンストーリー」に一九七〇年に百五十万部に達した『少年マガジン』編集長内田勝が登場することになったわけですね。ところで植田さんのアンカーとしての仕事はどのようなものだったのですか。

植田　「天皇家の人びと」と「天皇家血縁の人びと」という連載があり、皇族の人たちの日常や生活のレポートで、そのアンカーでした。ところが『週刊読書人』の仕事とちがって、女性週刊誌には独特なスタイル、つまりいかに読ませるかというお定まりのパターンがあり、さすがに三カ月もやったら、疲れ果ててしまった。それで平行してやるのは無理だと自覚し、辞めることにした。ただアンカー料はかなり高くて、『週刊読書人』の給料よりもたくさんもらっていたので、それが少し残念でしたけど。

でもその後で、潮出版社が発行していた『週刊言論』の「一人だけの記者会見」という四ページのインタビュー記事を引き受けたりもしました。画家の横尾忠則、東山魁夷、作家の野坂昭如、三好徹、サド裁判の澁澤龍彥、女優の光本幸子などへのインタビューで、『女性自身』で学んだ方法を用いて、一問一答に加え、少しばかり情景描写を入れるようにして、毎週徹夜で四ページのインタビューに仕上げていた。『週刊読書人』の仕事と平行はしていたけれど、僕の中では『女性自身』と『週刊言論』のアルバイトは「読書人ヒューマンストーリー」の企画へとダイレクトにつながっているわけです。

―― それもそうですが、やはり植田さんがいわれるように、一九六七年を節目にして全部がつながってきている。

43 三島事件と大宅の死

植田 確かにそうですね。僕のほうは一九六七年に大宅塾受講と東南アジア視察旅行があり、六八年末に『現代マスコミ・スター』を出し、六九年はそれらの関係から週刊誌のアンカーを務めるかたわら、『週刊読書人』の仕事にも追われ、そしてひとつのエポックと思われる七〇年を迎えることになりますので。

―― やはり三島事件（一九七〇年）ですか。

植田 それに加えて、僕にとっては大宅さんの死ですね。大宅さんが十一月二十二日に亡くなり、それで追悼特集しなければならないと思い、その準備をしていた。そうしたら二十五日に三島事件が起きた。

事件の当日、大宅さんのことを調べる必要があり、毎日新聞社へいった。すると三島が今自決したらしいが知っているかというわけですよ。それでこれは大変なことになったと思い、会社に引き返して、明日が降版という前の日でしたが、とにかく何とか間に合わせなければならないということで、一面に荒正人、内村剛介、利根川裕の三氏に書いてもらった。それで十二月七日号に載せた。

それもあって、大宅さんの追悼特集は二面にずれこんでしまった。だから『週刊読書人』としては十二月七日号で、二人を一緒に追悼したことになり、僕にとっては忘れられないし、エポックだといったのもそのように二人の死が重なっているからです。

―― それに植田さんが以前にインタビューされた時に、三島は『豊饒の海』四部作の構想を語り、十一月二十五日付で完成したと記し、自決したことになりますから、それも重なってしまいますよね。

植田　あの六五年のインタビューのことですね。これについてはちょっと話しましたが、編集長の巌谷大四さんが三島さんに電話したら、これからホテル・オークラの理容室にいくので、そこにきてくれれば話すといわれた。それで僕は何の準備もしないで、あわてて出かけていった。三島さんは髪をカットしていましたが、僕はその三島さんと鏡の間に座り、話を聞いた。それでライフワークの話と今何を考えているかをしゃべってくれた。

その時、帰りがけにホテルのレストランに誘われて、これを食べなさいといってグレープフルーツの輪切りにしたものをとってくれた。当時のグレープフルーツだから、食べたことがなくて、これはおいしいなと思った。もちろんおごってくれたのですが、その時の理髪代が九百円だったことを覚えている。こんなに高いのかと思った。それと散髪したてのあの独特のヘアスタイルは忘れられません。

――『図書新聞』の井出さんも当時『日本読書新聞』にいて、その衝撃と波紋を語ってくれましたが、書評紙にとっても大事件だった。私たちの世代にとっても同様で、三島事件と七二年の連合赤軍事件は衝撃としてセットになっているようなところもあります。

植田　連合赤軍事件のことはひとまず置きまして、三島事件は文学や社会に対してはも

(1) 第854号 The Shukan Dokushojin 昭和45年12月7日 (月曜日)

週刊読書人

8頁40円

緊急特集 作家・三島由紀夫の死

その「美学」と「行動」

三島 由紀夫氏

虚無か美学を喰う

いよいよ不吉な時代に入ってきた

内村 剛介

内村 剛介氏

"戦争観"の乏しさ

小説美学と政治意識の二つの側面

荒 正人

荒 正人氏

飛躍ありすぎる帰結

犯罪的政治行動者・文学者の死

利根川 裕

利根川 裕氏

アングル

ジャーナリスト

昭和45年12月7日 (月曜日)　週刊読書人　(2)

ジャーナル'70

文壇 「豊饒の海」を完結

"三島由紀夫割腹事件"で 書店街はてんやわんや

"死"を予告した三島由紀夫氏

大宅壮一氏を偲ぶ

一匹狼の毅然たる姿勢

大宅壮一氏のこと

末永勝介

"無思想人"の難しさ

大宅壮一氏に学ぶこと

大宅氏の歩んだ道

古本買入

本の事なら何でも御相談を！

伝統と現代

編集制作

自費出版

テープ筆録

ちろんですが、出版業界にも大きな波紋をもたらしたと思っています。

——植田さんが見るところ、それはどのようなものですか。

植田　大学生になって『週刊読書人』を読み始め、それからずっと『週刊読書人』という書評紙の現場から見てきたことですが、三島由紀夫という存在はメインカルチャーというか、正統的なひとつの骨格となる文化を担っていたし、都市型知識人を代表してもいた。それに対抗するようなかたちで、カウンターカルチャー、もしくはサブカルチャー的なものが出てきた。

もちろん三島さんがサブカルチャー的なものも愛好していたことは承知しているけれど、彼が亡くなってしまうと、サブカルチャー的なものがだんだんメインカルチャーになっていくことになった。それによって骨格となるものが不在になってしまったことが大きく、それが三島さんの死だと思っています。

さらに大宅さんのようなマスコミを俯瞰でき、在野にいて編集や出版企画に大いなる影響を与えてきた人が亡くなったことも、すごく作用している。三島さんと大宅さんは対極的存在に見えたかもしれないが、戦後の社会と文化を支え合っていたような気もします。

——それは面白い見方かもしれません。三島と大宅の間に大宅の中学の同窓だった川端康成を置いてみると、またちがう照明が当てられるかもしれない。それから三島の死をきっかけにして、三島と同世代の作家たちの小説が精彩を失っていったようにも思われます。

第Ⅳ部

44 書評紙の動向と書評の変化

―― ところで、そのメインカルチャーの後退と関連して書評紙そのものの売れ行きはどうだったんでしょうか。これは一九七五年ですが、『図書新聞』の田所太郎が経営に行き詰まり、自死している。『日本読書新聞』も八四年の休刊へと続く道をたどりつつあった。私たちの印象ですと、書評の問題はまた別にしまして、左翼でとんがっているのが『日本読書新聞』、中庸を守って健全な『週刊読書人』、その谷間にあって地味な『図書新聞』という全体的な印象があった。

ただ『週刊読書人』は明らかに販売に関しては書協がバックにいるので、他の二紙よりは安定していると考えていましたが。

植田 書店もまだ余裕があった時代だったこともあり、一定の部数を買い上げてくれて、その書店のＰＲと顧客へのサービスとして配ったりしていた。そんな時代も確かにあり、そういう意味では恵まれていたと思います。

ただそれがどれだけ影響しているのか定かにはわかりませんが、売れ行きが全盛だったのは六〇年安保から学生運動か盛んだった一九七〇年ぐらいまでですね。それは書評三紙すべてに当てはまるものでしょう。明らかに学生読者が中心だという時代がありました。

僕は七四年に副編集長、八二年に編集長となり、それまでの現場の編集者とは異なる管理職的立場になった。でもずっと書評紙の世界に身を措いていたことは事実だし、書評が変わるのではないかと思わせる流れもあったのです。


―― 具体的な例を挙げてもらえませんか。


植田　それは六九年のことで、この年に文藝春秋から『諸君！』、小学館から『週刊ポスト』が創刊された。

それで『諸君！』は竹内修司さんが編集長になられた時、僕のところに連載の依頼があり、書評に関する評といった読み物を編めないかと提案し、タイトルを「書評クリニック」として六ページくらいの連載を一年ほど続けた。要するに書評でどんな本が取り上げられているのかを調べるために書評を集め、それらの本を読む。そして本を読んだ上で、単独で個別に挙げていくのではなく、六ページの中にストーリーをつくり、その流れの中で論じたり、書評が的を射たものかどうかも言及するものでした。

山口瞳の『血族』が出た時にとても多くの書評が出たので、それらを紹介しながら、どの書評が正しいのかといった試みもしたことがあります。この「書評クリニック」に関しては辛口批評で知られた谷沢永一さんがコラムで評価してくれて、確か『紙つぶて』（文藝春秋）という著書にも収録されていると思いますけど。

あれは大変な仕事だったけれど、もしずっと続いていれば、書評のコンセプトも変わり、面白くなったはずですが、続かなかった。

――残念ながら『諸君！』は読んでいませんでしたので、その連載は見ていません。でも『週刊ポスト』の書評のほうはいつも立ち読みしていました。書評を担当していた倉本四郎に関しては三一書房の高校生新書の著者であり、井家上さんとも話題にしたばかりです。

植田　倉本さんというのはすごい人だった。実は倉本さんには『週刊読書人』でパロパロパンチというペンネームで毎年一月の年頭に「文壇百人一首」というパロディを発表してもらった。前年の文壇状況をよく観察し、トピックを集め、倉本さんが字札をつくる。それに先述の安岡明夫という漫画家が絵札を添え、一ページに散りばめるわけです。これはかなり面白かった。大江健三郎さんなども色々と皮肉ったりしていた。

実はこれには前史があって、小中陽太郎さんが文壇や文化界を揶揄するパロディをやっていて、それがベースになっている。この「文壇百人一首」の例からわかるように、倉本さんはものすごい読み手だった。それで『週刊ポスト』の三ページ書評を担当し、『週刊ポスト』の洛陽の紙価と週刊誌書評のレベルを高めたといっていい。彼は小説も書いていたけれど、それほどの年ではなかったはずなのに癌で亡くなってしまった。もし『諸君！』と『週刊ポスト』の書評の試みが定着すれば、新しい雑誌の勢いとともに書評の世界も変わっていくのではないかと思ったりもしましたが、残念なことに続かなかった。その後に『50冊の本』という月刊書評誌も出ましたが、それも続かなかった。

――その一方で、『日本読書新聞』は廃刊に追いやられ、九〇年代には安原顕が季刊書評誌『リテレール』を創刊しましたが、これも続かず、彼も亡くなってしまった。

スーパーエディターを自称する彼のキャラクターもあって、『リテレール』の一、二号はベストセラーと宣伝文句に謳われていましたが、実売は一万部に届いていなかったのではないか。

45　書評におけるエロスと死

植田　そうかもしれませんね。その発売元だったメタローグも倒産してしまいましたから。

それと三島さん亡き後の書評の世界をずっと見てきたわけですが、魅力ある書評というものが少なくなってしまった。三島さんは優れた文学者であることはもちろんだけれど、書評家としても同様で、柳田國男の『遠野物語』に関する書評は卓抜でした。

――一九七〇年の『読売新聞』の書評欄に掲載された「名著再発見」に寄せたもので、後に『蘭陵王』（新潮社）に収録された書評ですね。三島の書評には死とエロスが潜んでいるようなところがある。

植田　長年書評紙の編集者をしていますと、今さらながらに優れた著作者は優れた読み手で、また優れた書評家であることを認識させられるのですが、その文体にエロス的なものが秘められていれば、それがその人の隠し味となって魅力を放つ。

文藝春秋の『ナンバー』の初代編集長だった岡崎満義さんの書かれたものを読ませても

らう機会があったのですが、岡崎さんは丸山眞男の文章に官能的、つまりエロス的なものを感じると書かれていた。僕も丸山さんを東大に訪ねたことがある。原稿は駄目だけれど、話にくるのはいいということだったので。ただ何を話してもらえたのかはメモしていなかったので記憶にないし、そのエロスというのは感じていない。ただエロス的文章といえば、それは吉本隆明だってそうで、清水幾太郎などにはないものだと思います。

―― それはものすごくよくわかります。こんなことをいうとお里が知れてしまうけれど、私などは埴谷雄高と花田清輝が祖父母、吉本と江藤淳が両親、叔父が磯田光一と澁澤龍彥みたいな感じで学生時代を過ごしてきたところがありますが、いずれも優れた書評家にして固有の文体があり、彼らが書評した本は読んでみたいという気にさせられるものが多かった。エロスということでいえば、江藤などはセクシュアルにして優れたコピーライターだし、彼の評論は性的なメタファーを抜きにして語れない。

植田　岡崎さんの言を借りると、著者にそういったエロス的ファクターがないと、いくら学問的に優れていて評価されても売れない。これが日本語の特性なのか、日本の出版の特徴なのかは断定できないにしても、ありうることだと思いました。

―― でもそれを言い出すと、現在の書評にそのようなものを感じることはまったくない。

植田　僕は八〇年代半ばに取締役編集部長になり、少し現場を離れてしまうことになるのですが、その一方ではニューアカデミズムブームが起き、浅田彰や中沢新一といった新しいスターが生まれ、書評の世界にも新しい風が吹きこまれたように見えた。でもそれはバブルで、進行していたのは書評そのものが空洞化していく現実だったかもしれません。

46　『読書大全』と『読書日録大全』

――一九八〇年代の植田さんは『読書大全』と『読書日録大全』（いずれも講談社）を刊行されているわけですが、そういった現実もふまえ、編まれたのでしょうか。

植田　そこまではっきり意識していなかったけれど、いずれも『週刊読書人』に掲載したものなので、ここら辺でまとめておくべきだし、これからある意味で普遍的な読書のかたちが変わっていくだろうという漠然とした予感はありました。

『読書大全』は『週刊読書人』創刊の五八年から八一年にかけて掲載された読書論をまとめたものです。

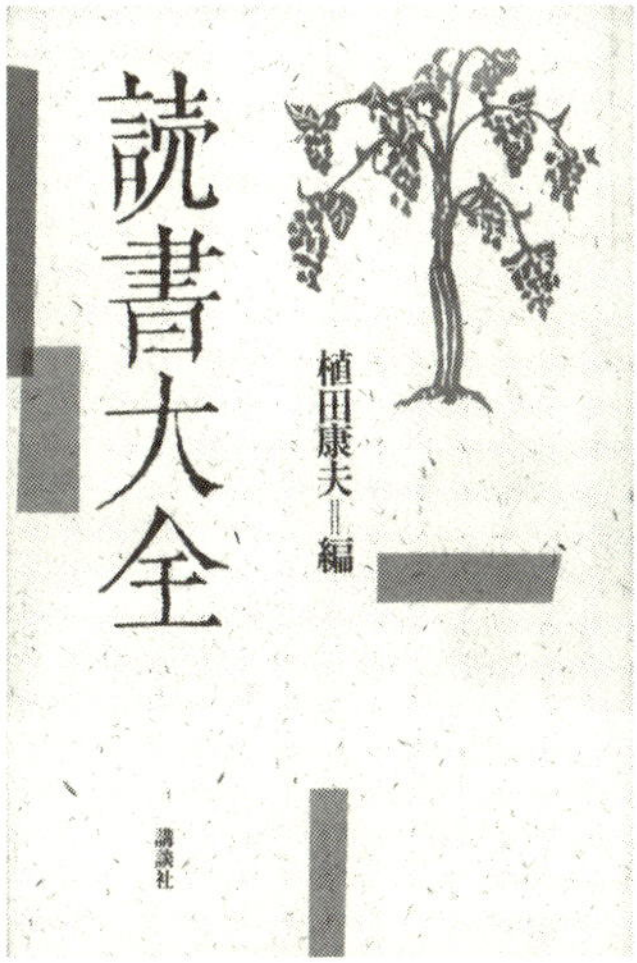

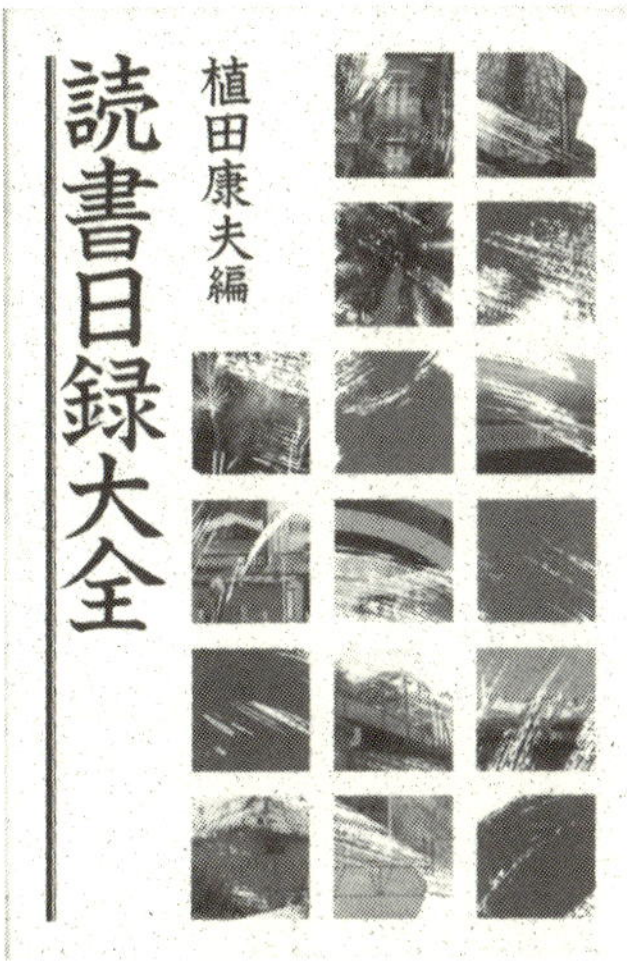

これは序文にも書いたのですが、フランス文学者の渡辺一夫の「老残の日々はかくて」は『週刊読書人』の創刊五号目に掲載されたもので、渡辺さんは七五年に亡くなられているのだが、まだ存命中のような印象を与えるエッセイです。老残の日々も読書とともに過ぎていくと結ばれていて、あらためて現在の高齢化社会における読書の役割みたいなことを考えてしまいます。でももはや冒頭にある「読書は、人間生活中で、一番豊かなみのりをもたらすものであることは、僕自身が申さなくとも、皆さまは、よくご存知でしょう」といった文章を正当に書く人はいなくなっているので、企画としても成立しないだろうと思ったりもします。

『読書日録大全』のほうはこれも『週刊読書

人』に七六年から連載されたコラム「読書日録」の八八年分までを収録したものです。『読書大全』が百名弱だったことに対し、こちらは執筆者が倍近い百八十余人に及び、厚さも同様なので、文字通りの「大全」になってしまいました。

現在になってこれら二冊を通読してみますと、戦後から八〇年代までは多彩な読書エッセイや読書日録が当たり前のように綴れたけれど、今ではこのようなアンソロジーを編むことも難しいのではないかという思いにつきまとわれますね。

――私も同感です。私の友人で、ある県立高校の国語教師がいってましたが、九〇年代になって本を読む教師という存在がまったくいなくなり、職員室からも読書という言葉が消えてしまったようです。高校ですらもそうだから、小中学校に至っては推して知るべしだと。

植田さんが前にいわれたように、『週刊読書人』は書店が読者サービスと販売促進のために一定の部数を買い上げていたわけですが、その配布先の多くが学校の職員室だったと見ていい。ところがもはやそこは誰もが読書とは無縁の場所になってしまったことになる。

植田　それがまだインターネットが普及していない九〇年代から始まっていたとすれ

ば、現在はスマホまで登場しているわけだから、どうなっているのか、いうまでもない。

47 鷲尾賢也と『清水幾太郎著作集』

――そのことも植田さんの大学教師時代に絡めてお聞きしたいのですが、その前に確認したいのはこの二冊がどうして講談社から出されたのかです。

植田 これは当時の読書人の社長を兼ねておられたのが講談社の服部敏幸会長で、『読書大全』の企画の話をしたら、講談社での出版はどうかということで、先頃亡くなられた編集者の鷲尾賢也さんを紹介してくださった。それで二冊目も同じように出たわけです。

――「出版人に聞く」シリーズ14の『戦後の講談社と東都書房』でも鷲尾さんの話が出ましたが、ここでもやはり登場してくるわけですね。本当にもう少し長生きしてくれればよかったのにと思います。

植田 本当に同感です。僕は『読書大全』を出したことで、鷲尾さんとはかなり懇意になった。それでひとつの出版のエピソードがあるのですよ。

僕はそんなによく知っているわけではないけれど、清水幾太郎さんのお嬢さんの清水禮子さんが訪ねてこられて、父親の全集がどこかで出せないかということをいわれた。その前に新評論で出すことが決まっていたのが、出せなくなってしまったので、どうにかならないかという話だった。それで鷲尾さんに相談にいったら、何とかやりましょうということになった。今ではとても個人全集の刊行は無理ですが。

そうはいってもそんなに売れるはずもないし、僕も心配だったから、講談社に進行の具合を見にいったことがあった。結局は巻数も十九巻になったこともあり、定本テキストや校訂のために膨大なコピーが必要になり、講談社のコピー機が駄目になってしまったこともありました。最後の巻のほうは最初の部数より少し減らしたようですが、それでもちゃんと完結させた。これは鷲尾さんの尽力もあったけれど、まだ講談社にしても出版業界にしても個人全集を出せる余力があったということですよ。

48　斎藤十一と春山行夫

――それはいえますね。吉本隆明の全集ですら筑摩書房から出ず、晶文社が引き受けることになったのですから、今であれば清水の著作集を出せるところはないでしょう。

『清水幾太郎著作集』も鷲尾さんが担当だったとは知りませんでした。

でも鷲尾さんにとってそれは編集者としての実績になったのかもしれない。私の見るところ、彼は講談社を辞めてしまったけれど、歌人としての立ち位置も含め、編集者としての覇権意識を手離していなかったはずです。それに彼の理想の編集者は新潮社の斎藤十一だったと思う。

植田　新潮社の創業者が新興宗教のひとのみち教団に入り、そこで斎藤と知り合い、斎藤さんは新潮社に入って辣腕を発揮する。戦後は『新潮』の編集長を務め、役員になり、『芸術新潮』『週刊新潮』『フォーカス』の企画者にして実質的編集長として君臨した。

――しかもそれは新潮社の陰の天皇としてで、小林秀雄と保田與重郎も仕切り、作家も自分の思いどおりに書かせ、サラリーマン編集者にしてみれば、模範ともいうべき編集者像でしたから。それに植田さんや鷲尾さんも原稿を寄せている寺田博編『時代を創った編集者101』（新書館）にも立項されている。

植田　それでいて表には絶対出てこなかった。僕もインタビューをお願いしたことがありますが、よそからの取材を受けつけなかった。ところが新潮社主催のパーティには出てこられたので、その時に少し話をしたことがある。

―― それだけでもめずらしいんじゃないんですか。

植田 そのことに関連して、『新潮』や『週刊新潮』の編集長だった野平健一さんに取材した時に聞いたことがあったのです。斎藤十一は戦前の第一書房の雑誌『セルパン』を高く評価していたというのです。

―― 編集長は春山行夫ですね。

植田 そう、それで『セルパン』を実際に見てみると、『週刊新潮』のタウン欄のようなものをすでに小さな六号活字でやっていて、ああ、そうか、これだなと思った。それを僕は『週刊読書人』に書いたことがあり、斎藤さんに確かめようとした。そうしたら彼は『セルパン』について、いい雑誌だったといい、春山さんのことも評価していましたね。

―― さすがに斎藤は慧眼ですね。私は出版史と文学史において、春山にスポットを当てなければならないと思っています。出版史においては編集の覇権の問題、文学史においては一九二九年の『改造』の懸賞論文第一席が宮本顕治の「『敗北』の文学」、第二席が小林秀雄の「様々なる意匠」だったことは有名な話ですが、第三席は春山の超現実主義に関するものだったのです。

春山は独学者にもかかわらず、出版、文学史の双方において、小林に拮抗する存在でした。小林たちの東大仏文系と堀口大学たちの慶大仏文系の翻訳をめぐる覇権争いは知られているけれど、本当はジョイスの紹介も含めて春山問題のほうが重要ではないかと考え、いずれ書くつもりでいます。

植田　それは期待するところですね。僕は何かの用事で春山さんのお宅を訪ね、一度会ったことがある。あれは何だったかな。

49　上智大学で教える

――ところで植田さんは一九八〇年代から上智大学で教えるようにもなるわけですが、その経緯と事情のほうはどうだったのでしょうか。

植田　そのきっかけは七〇年代末にナツメ社から「マスコミ現場学」シリーズの第1巻として鈴木均、清水英夫両氏の編で『出版界入門』という本が出たことです。編からわかるように共著でした。その巻末に執筆者紹介があって、僕のプロフィルは「上智大学文学部新聞学科卒、現在『週刊読書人』副編集長」となっていた。それを新聞学科の春原昭彦教授が見られて、新聞学科卒で、書評紙に勤め、出版に関する本を出しているのだから、新聞学科には出版論の講座もあるし、非常勤講師できてもらったらどうかという話になり、それで僕に声がかかった。

それから『週刊読書人』編集長、取締役編集部長を兼ねながら、八九年まで非常勤講師として上智大学で教え、その間に半年ほどは東京大学新聞研究所にもいっていました。

―― でも植田さんの転機といいますか、人生の節目というのは本当に面白いですね。上智大学に入って、その近くの小さな書店で『週刊読書人』創刊号を見つけ、その愛読者になったことが一直線につながって、その後の人生を決定していくわけですから。

植田 それはありますね。もし『出版界入門』に「上智大学文学部新聞学科卒」と書いてなかったら、大学で教えるようにもならなかったような気がします。

―― まだ八〇年代ですので、その時代には編集者から大学の教師になったのは少なかったんじゃないでしょうか。

植田 そうでしょうね。先ほど話の出た鷲尾さんが講談社のPR誌『本』の編集長もされていた頃、僕に新聞学科の専任教員になった感想を書いてくれといわれ、二ページ書いたことがありました。鷲尾さんがはなむけに書かせてくれたんだと思いますが。

ただ僕もやりがいがあると思ったので引き受けたのですが、読書人を退社し専任の大学教員になり、その後十五年以上勤めるようになるとは考えてもいませんでした。

50　読書人退社と上智大学助教授への就任

――一九八九年三月に退社し、上智大学の助教授になられたわけですが、当然のことながら非常勤講師時代とはちがうものになっていく。

植田　僕にとってうれしかったのは専任教員になって一年生と接する機会ができたことですね。非常勤講師時代には「出版論」や「雑誌論」を教えていましたが、一年生を教える機会はなかった。しかし専任教員となって講義科目が増え、半年間ずつの「新聞演習」を担当し、一年生も受けもつことになった。

大学生といっても二年生以上になると、もうそれぞれが自分なりの個性を持っているが、一年生はまだちがうし、大学に入ったばかりの初々しさがあって、この学生たちを何とか立派に育ててやりたい、そんな気持ちを抱かせるわけです。

――自分が大宅壮一などによって育てられたという思いもあるので、そうした気持ちに駆られるのでしょうか。

植田　それはもちろんありますが、一年生たちが私の学生であると同時に後輩だという気持ちが強い。これがマスの学科であればともかく、少人数の新聞学科であり、入試の際にも一応はジャーナリストをめざして学科を選んだのだと思う。それはかつての僕と同じで、お話ししましたように僕も島根の片田舎の高校生だった頃、学校新聞や雑誌を編集発行したりして、将来はジャーナリストになることしか頭になく、上智大学の新聞学科へと進んだ。だから新聞学科に入ってきた一年生たちは全員が僕のかつての姿、後輩ということになる。

僕が経験した新聞は『週刊読書人』という少人数の編集による書評紙なので、取材、原稿依頼、整理、校正まで何でもやってきた。それらの経験をふまえ、一年生には新聞学科に入った君たちが、もし四年間で「読み・書き・取材・企画・編集・喋ること」の能力を身につければ、ジャーナリストとして充分やっていけるし、たとえジャーナリストにならなくても、他の一般企業でもそれは役立つとアドバイスした。

それに加えて、実際の新聞社についても知っておかなければならないので、年二回、学生たちを連れて朝日新聞社を見学することにしていた。これは僕が専任教員になってから始めたことです。やはり全国紙の新聞製作のプロセスを自分の目で確かめてもらいたい、そうしてジャーナリズムとは何かということを学んでほしいと思ったからです。僕が新聞学科の学生だった頃はそこまで態勢が整っておらず、「新聞演習」のカリキュラムもできていなかったという事情もあります。

―― なるほど、話を聞いていて思ったんですが、植田さんはジャーナリストばかりでなく、教師にも向いていたんじゃないかという気もします。そこら辺はどうなんでしょうか。

植田 確かに僕は教師にも向いているのじゃないかと思いました。九二年は新聞学科創設六〇周年で、また僕も専任教員となって四年目になり、色々と大学や学科のこともわかってきた時期だった。

それにこれからの大学教育や新聞学科のあり方などを考えることが多い年でした。そこで新聞学科で教えている取材のコンセプト、それは「読み・書き・取材・企画・編集・喋ること」のスキルにつながり、外国語も含んでいる。さらに取材は人から話を聞くだけでなく、各種の文献資料を使った調査も含まれるといっていい。このような取材のコンセプトを拡大すれば、ジャーナリズムにおける取材と学問研究におけるフィールドワークは同じ作業といえるし、このような視点から新聞学科と他の学科をも学際的につなげていきたいとも考えるようになりました。

51　日本の大学教授の実相

――かなり深みにはまっていったことになりますね。

植田　ただその代わりといっては何ですが、大学というところは教えること以外の事務的な仕事が多々あることもわかってきた。最初は大学教師というのは暇だからいいじゃないかと思っていた。ところが意外とそうじゃないんです。一月から二月にかけての入試のシーズンになると、本当に多忙で事務的作業に追いまくられる。学科長もやりましたが、日本の大学は教える以外の仕事が多いことに今さらながらに気づいた。

学科長になると父兄を前にして挨拶もしなければならないが、今は入学式があると大体父兄がついてくる。入学式の後に今度は学科の集会がある。といって父兄の前で専門学科の話をしても始まらないので、上智大学には東大にも早稲田や慶應にも負けないことがひとつございますという話を枕にふるわけです。

そうするとそれは何かという問いが出されたので、東京にある大学で一番交通の便がいい大学だと答えた。地下鉄は丸ノ内線、南北線、有楽町線の駅が近くにあり、ＪＲの駅も都バスの駅もあり、ここから三十分で都心にいけるし、非常に便利である。隣の市ヶ谷に法政大学があるが、市ヶ谷はＪＲの快速は止まらず、普通電車しか止まらない。ところが四ツ谷は快速も特急も止まる。そんな話をすると、何かえらく期待して聞いていたこともあって、何だそんな話なのかとがっかりする反応が返ってきたりしました。学科長がこんな話をしなくてもいいのですが、そういう場ではポピュラーな話をせざるをえない。

――日本の大学教授の宿命ということになりますか。

植田　要するに問題なのは日本の大学の場合、本当は事務職の人がいるわけだから、その人たちに任せればいいのに、教員が事務的なこともやってしまう。例えば、学生部なども部長は職員がなればいいと思うのですが、学生部長には教員がなると決まっている。学生部長、学事部長といったものを教員が引き受けると、どういうことになるかといえば、その部屋に張りつけになってしまって、自分の研究室にはいない状態になってしまう。おそらく他の大学もそうでしょうし、日本の大学というのはそこが特殊なのではないかと思ったりもしました。

上智の他に江戸川大学、早稲田大学、慶應大学などにも非常勤講師として教えにいっていましたが、専任ではなかったので、そういった事情については詳らかでありません。

52　大学で得たこと

――現在はどうなっているのか、今度そこら辺の事情をヒアリングしておきます。でもあまり変わっていないような気もしますね。

ところが学生に教える喜びとは他に、大学で得たことも多かったと思います。それらはどうでしょうか。

植田　確かに大学で教えることによって、得たことはたくさんあります。『週刊読書人』の編集に携わっていた時には出版の事情に常にふれていたのですが、ジャーナリズムの限界というのか、どうしても現在のことに集中し、それを報道してしまうと次に関心が移ってしまうことが多い。しかしその渦中にいれば、それは常態であり、当然だった。ところが教えるという立場に身を置くと、自分が携わってきた出版という仕事を客観的に見ることができ、歴史的な視点を導入し、あらためて出版を検証するという習慣が身についた。これは教える立場に立って得た最大の収穫だったと思います。

それと関連して、そんなに多くはないけれど、研究費が出たので、それらをすべて本を買うことに使ってしまった。『週刊読書人』時代からずっと本にふれ、読んできたのですが、それこそ取材や原稿依頼ということに追われたので、大学にきたことによって、資料を通じて出版を歴史的に読むことができたといえるでしょうね。ところがそれを続けているうちに研究室が満杯になってしまい、最後にはどうしようもないパンク状態というありさまでした。

――でも何とかそのまま保持していると仄聞しておりますが。

植田　大学を辞める時には蔵書を引き取らなければいけないのですが、幸いなことに母親が住んでいた団地の部屋が八王子にいまだありまして、そこに運びこんで何とか散逸させずにすんだ。本当に量的にはかなりありました。そのようにして集め、読んだことも大学という場を得たことによっています。

――色々とあったにしても、植田さんの大学教師時代は総じて恵まれていたということになりますか。

植田　そういっていいでしょうね。今は大学も厳しいようですから。

僕は一九九二年に教授となり、翌年には新聞学科長も務め、大学院でも教えたりして、二〇〇八年まで上智大学に在籍していた。

その中で「出版論」へのこだわりが出てきて、出版論とは何かを考えるようになり、その中心にある編集とはどういう仕事なのかを強く意識するようになった。

――鷲尾さんも同様の回路をたどり、それこそ上智大学の講義をもとにして、『編集者とはどのような仕事なのか――企画発想から人間交際まで』(トランスビュー、二〇〇四年)を出していますが、それも植田さんが招聘して実現したものでしたよね。

植田 鷲尾さんと他の二人の編集者も参加した講義はとても評判がよくて、本になってよかったと思っています。

――鷲尾さんのこの本はずっと品切でしたが、今度新版(二〇一四年)が出たばかりなので、末長く読まれてくれればよいのですが。ところで植田さんは退官に際して、名誉教授にもなられていますね。

植田 昔は名誉教授の資格に関して、二十年在籍しないと駄目だったのですが、僕が専任になった頃からは十年在籍でも学部の認可と学科の推薦があれば、資格を有するということでなったわけです。業績云々ということではなく、これも運に恵まれただけですよ。

53　日本出版学会への参加と会長就任

――それからこれは私のほうから付け加えておきたい上智大学と出版プロジェクトの件があります。ひとつは『カトリック大辞典』（冨山房）、もうひとつは『中世思想原典集成』（平凡社）で、これらは上智大学と出版社のコラボレーションによって刊行された貴重な出版企画であることを強調しておきたいと思います。

また二〇〇〇年から日本出版学会の会長にも就任し、確か四期八年にも及んでいる。これも大変だったでしょう。

植田　僕の場合、日本出版学会に関しては中途参加なのです。あの学会は一九六九年に講談社の野間省一さんを初代会長として立ち上がり、清水英夫さんや布川角左衛門さんたちが関与していた。

――一九六八年に書協創立十周年事業として、『日本出版百年史年表』が出される。この時の書協会長が野間、編集長が布川であり、この資料収集と出版を機会にして学会が設立されたと見なしていいんでしょうね。

植田　そうだと思います。青山学院大の清水英夫さんがかなり早いうちから『週刊読書人』で、出版学の必要性についてのエッセイを書かれたことがあるのですが、そうした流れと『日本出版百年史年表』の刊行とが相俟って、出版学会の必要性を考えておられた野間さんが会長になられ、出版学会がスタートしたことになる。

僕は『出版ニュース』社長の清田義昭さんの推薦で、途中から加わり、会長職も引き受けることになり、韓国へもいったりしました。実は出版学会という名称は日本と韓国にしかないのです。中国にも同じような学会があるのですが、中国では編集学会となっている。出版という言葉は日本でつくられたものだからです。これは漢字の国である中国のプライドがいわせるのかもしれませんが。

――パブリッシングの意味がちがうということになるのですか。

植田　そうなんです。日本でいう出版という言葉は狭い意味で使われているので、それをもう少し広い概念で考えるべきだと思います。例えば、英語の publish（パブリッシュ）とフランス語の publier（ピブリエ）はどちらも出版するという意味の他に、公表する、発表するという意味がある。このふたつの語源はフランスの社会学者であるロベール・エスカルピの『文学の社会学』（白水社）によると、ラテン語の publicare（プブリカレ）からきていて、これは「名も知れない多くの人々の勝手な使用に任せる」という意味があり、私有物を公共物にすることをさしている。ところが、日本では出版というと、版にして紙に印刷し、冊子にしなければ出版にならない。これに対し、publish にしても publier にしても、街頭で演説して自分の私的な意見を公表することも含まれているわけだから、日本語の出版という言葉にもそれらと同様に広い意味を持たせ、それにエディターシップを関連させたらどうなのかと思います。そのように考えれば、中国の編集学会という命名もひとつのあり方なのかという気もする。

54 日本の出版の特殊性

――出版や編集といったそれぞれの言葉にしてもその国の歴史と不可分ですし、出版物、特に近代出版はナショナリズムの問題を抜きにして語れませんし、日本の場合の出版は書籍、雑誌、コミックの三位一体化によって成立しているので、これもまた特殊です。

植田 そこが難しいところですね。

――それらのことを考えていますと、最初の話に戻ってしまうのですが、小川菊松の

『出版興亡五十年』のような出版資料をどのように読むかの問題につながっていきます。植田さんのように、あの本を読んで出版を志した読者を例外にして、研究どころかまともに言及されていない。

それは小川が学歴もなく、小僧上がりの出版人で、実用書をメインとする誠文堂新光社によっていること、その小川が書いたものは俗で低級だから、学会のめざす所謂「高級な研究」から無視されている。でも私にいわせれば、俗がわからなくて、出版のことがわかるかということになる。小川のような存在をきちんと受け止め、正面から取り組めば、出版、文化、文学研究ももっと面白くなると思うのですが、本当に残念です。

植田 それもよくわかります。「出版人に聞く」シリーズも最初はどうなるかという感じがありましたが、これだけの巻数になってくると、資料としても重要だし、読み物としても面白いので、大事なお仕事だし、ひとつのスタイルをつくられたと思いますよ。

―― このシリーズの意図はこれまで公言していませんが、フランスの社会学者ピエール・ブルデューの弟子アンナ・ボスケッティによる、サルトルがエコール・ノルマル出身の世界の知識人として権力を握っていく回路を描いた『知識人の覇権―20世紀フランス文化界とサルトル』(石崎晴己訳、新評論)の逆バージョンをめざして始められたものです。あるいはジェイムズ・エルロイ版による日本の出版史とでもいいますか。

植田　僕も出ることになったので手前味噌になってしまいますが、このシリーズは今まで語られていなかった分野に照明を当て、しかもその分野のプロが選ばれている。そのプロというのは天職とまではいわないにしても、必然性があって、販売であれ流通であれ編集であれ、出版をめぐる仕事に携わっている人間であることが伝わってくる。

——でも今の出版業界というのは特に大手出版社の比率が高いと思いますが、他の業界の仕事に就いたほうがいいと見なされる人たちが多い。それが出版業界の危機とも絡んでいる。あえて名前は挙げませんが、関係団体の上部にいる出版社の社長の場合、あんなに本や雑誌が嫌いな奴はいないといわれていたようです。

植田　誰だかわかりますし、それは事実ですね。大手出版社は給料が高いし、ステータスも高いということから、他の業界にいけばいいのに、出版社に応募したりして、入社している。ところが出版が好きではなくて、本も読んでいないし、古本屋にいったこともない編集者もいるといいますから……。結局のところ、最後は好きか嫌いかが問われるし、やはりこれは現在の大きな問題でしょうね。

第Ⅴ部

55 『週刊読書人』に戻る

――植田さんの場合、その根っからの好きということもあるのでしょうが、上智大学退官後に『週刊読書人』に戻ることになるわけです。

植田 僕は大学に移った時も読書人の非常勤取締役を務めていて、週一回ぐらいは編集部に顔を出していた。それで大学を定年で辞めることになった時に、もう一度きてくれないかということになってしまった。

ただ正直いって戻ることには逡巡がありました。今までいる編集部員にしてみれば、上役が出戻ってくるのは歓迎すべきことではないし、編集長になる順番が狂ってしまうことにもなりかねない。立場を代えれば、自分だってそう思うに決まっている。

――それと十五年のブランクも大きかったんじゃないですか。ブランクがあると所謂手が思うように動かないことだってありますし。

植田 そうです。だから最初は焦りましたね。それでまずは何か自分なりの実績というか、ポジションをつくらなければと思い、紙面で「戦争年表」の作製を試みてみた。新聞の最上段のところを一段分使って、一ページ目から最終ページまで、人間はこんなにも戦争をしてきたという史実を年代順に紹介した年表です。この年表を第一面から最終面までたどると、戦争の歴史が浮かび上がってくるようにしました。

―― ちょっと変わった試みだと思っていたんですが、あれは植田さんの企画だったんですか。上段ですから鉢巻きを締めているような感じで、これは何なのかと考えたりもしました。

植田 やっぱりそう思われましたか。何か自分なりの企画で、それに上段を使うのですから各面のそれぞれの担当者の協力も必要だし、ブランケット判の新聞である『週刊読書人』でなければできない企画にこだわりました。

吉川弘文館の歴史年表などをベースにして、世界史レベルでやったのですが、人間というのはいかに戦争をやってきたかということを実感させられた。

―― その他にもいくつか、あえていいますと「出戻り企画」を試みたようですが。

植田 読売新聞社の渡邉恒雄主筆へのインタビューもやりました。これは戦争年表企画とも関連しますが、『読売新聞』が戦争犯罪を告発するキャンペーンを展開していたので、渡邉さんへインタビューを申し込んだ。そうしたらどのくらい紙面を割くのかといわれたので、一、二面でやりますと返事したら応じてもらえた。今の読売新聞社の社屋ではなく、前の社屋の主筆室でインタビューしました。お会いするまではこちらも渡邉さんにはタカ派という偏見がありましたので、読者からの批判も承知していましたが、お会いしてみると、渡邉さんが非常に勉強家であること、新聞経営についても精通しておられることがわかりました。

それから読書人公開トーク&インタビューというのもやりました。東京堂書店神田本店の六階を借り、話題作を出した人にきてもらい、そこで午後六時から一時間半ほどインタビューする。そして最後にその本を買ってくれた人にはサインをするという企画で、最初に登場された著者が『思考の整理学』（筑摩書房）の外山滋比古さんでした。

その時外山さんにいったのは、ある意味で活字ジャーナリズムは密室的なところがあり、取材にしても原稿の執筆プロセスにしても読者にはまったくわからず、でき上がったものしか見えてこない。だからそれらがどういうプロセスで出来てくるのかというのを公開して見てもらい、それを記事にして読んでもらうことを考えているといったら、外山さんがそれは面白いと応じて下さったので、早速実行したわけです。

56　外山滋比古『エディターシップ』

――外山滋比古といえば、私たちにとっては『思考の整理学』ではなくて、いうまでもなく『エディターシップ』（みすず書房）ということになりますが、編集のことを考える上で、植田さんもとても影響を受けている。

植田　外山さんは『エディターシップ』の中で、次のようなことをいっている。明治以来の日本の近代出版界において、本当のエディターシップは育っていない。これは編集者が不在だったのではないかと批判しているわけです。戦前の場合、大学の先生が講義したものや雑誌に口述筆記したものをそのまま本にすることが多く、そこには本当の編集はない。だから日本の学術書は非常に難しく、わかりにくい。これも本当の編集がないからで、それは近代日

本の学問にとっても非常に不幸なことだったのではないかともいっておられる。

それならば、本当の編集とは何かということになるのですが、外山さんのいう編集者の仕事はただ原稿をもらい、割り付けをして印刷に回し、校正して一冊の本にする手作業だけではなく、レントゲンのX光線のように目には見えないが、著者の心に影響を与え、著者の創造を活発ならしめることをさしている。これは触媒作用といっていいでしょう。

—— その問題は明治以来の翻訳とアカデミズムの問題と深くつながっている。文学の分野においては大衆文学の誕生と読者の多様性、日本の出版業界の特殊性もあって、それはほぼ乗り越えられたのですが、岩波書店に象徴される出版とアカデミズムには戦後も残ってしまった。

植田　その問題とエディターシップに関していえば、戦後の書籍出版において、最初のエディターシップを発揮したのは光文社の神吉晴夫さんだと僕は今でも思っています。

僕は神吉さんと親しくなった時期があって、それは僕が彼に『週刊読書人』に連載を頼んだからです。

57 神吉晴夫のこと

――植田さん、お話を中断させて恐縮なんですが、神吉にふれるのでしたら、『出版人物事典』のプロフィルを紹介しておいたほうがいいんじゃないでしょうか。

植田 ああ、そうですね。僕たちは自明のように話しているけれど、僕の学生たちの世代になると「カッパ・ブックス」は知っていても、神吉さんのことはわかりませんしね。

――では引いておきます。

【神吉晴夫　かんき・はるお】 一九〇一～一九七七（明治三四～昭和五二）兵庫県生れ。東大仏文科中退。一九二七年（昭和二）講談社に入社。四五年（昭和二〇）光文社の創立に出版部長として加わり、雑誌ではまず『光』を創刊、書籍では、五〇年、波多野勤子『少年期』が大ベストセラーとなり、以来、『ノンちゃん雲に乗る』『にあんちゃん』『頭のよくなる本』など続々とベストセラーを誕生させた。出版の基本理念は「創作出版」にあるとして、著者と共同で本をつくるという方法で読者に密着したわかりやすい本づくりを心がけ、潜在的読書人口を掘り起こした。六一年（昭和三六）社長に就任、ワンマン体制批判の労働争議により七〇年（昭和四五）退陣。七七年（昭和五二）かんき出版を創立するが、同年死去。『俺は現役だ』（オリオン社）などの著書がある。

植田　これは「〝大宅マスコミ塾〟入門記」のところでふれましたが、神吉さんも講師としてこられていたので、神吉さんのことも、七、八回書いた。そうしたら非売品のカッパの本の歴史を描いた社史めいた一冊にそれを収録してくださった。その原稿料として一万円をもらい、ホテル・オークラでご馳走になった記憶があります。

――一九六八年に出された『マスコミの眼がとらえたカッパの本――〈創作出版〉の発生とその進展』（加藤一夫編、光文社）ですね。

植田　まさにそれです。そんな前史もあって、この立項にあるように神吉さんは光文社を追われ、確かサンケイ出版の顧問に就任しておられた。それで七五年に「戦後三十年」ということで連載を頼んだ。もちろん彼の出版史を書いてもらったわけです。

これは『カッパ軍団をひきいて』という書名で学陽書房から本になっていますが、連載当時の『週刊読書人』は金曜日に刷り上がっていたので、神吉さんは会社に車で乗りつけ、次の原稿と交換するようなかたちで新聞を受け取っていくことを連載中ずっと繰り返された。そこで帰りに四階からエレベーターで送る時、「植田君、俺は戦前に講談社に入っているけれど、キングレコードとか飲物の『どりこの』の販売などの傍系の仕事をさせられて、出版の仕事をやり始めたのは四十歳を過ぎてからだよ」と言っておられましたね。神吉さんの場合、中退ではあるけれど、東大出だし、講談社のほうが逆に使いづらくて、そういう仕事に回されていたんじゃないかとも思いましたね。

――これは誰もはっきり書いていないけれど、戦前の講談社における大学卒のインテリの身の処し方というのは独特なものがあったんじゃないか、そんな気がします。要するに戦前の講談社というのはあえていわせてもらえば、大衆向けのマス雑誌出版社であって、インテリ向きの格調高い出版物とは無縁だったし、大衆出版物オン

リーの会社だった。

植田　戦前は総合雑誌の時代で、クオリティの高い雑誌は『改造』や『中央公論』、文芸誌は『新潮』や『文學界』、だから改造社、中央公論社、新潮社、文藝春秋社、それに岩波書店、第一書房などが一流出版社で、講談社は大手ではあったけれど、その出版ステータスは高くなかったと見るべきでしょうね。

――それゆえにマス雑誌の編集者に馴染める人はいいけれど、そうではない学卒編集者はかなり屈折したコンプレックスを抱えていたんじゃないか。その典型が神吉で、それがバネにもなって、カッパの創作出版とその成功を導き出したのではないかと思っています。

植田　戦後になって神吉さんは講談社の子会社として光文社を発足させ、最初は江戸川乱歩などの講談社系の作家の児童書で商売していたが、それが売れなくなり、どうしようかなということになり、創作出版に至るわけです。

そのきっかけとなったのが波多野勤子さんの『少年期』です。神吉さんが夫の波多野完治さんに原稿を頼んでいたところ、妻のほうにも原稿があるので、本にならないかとそれを託された。神吉さんは最初期待もしていなかったが、一晩かけて読んだ。そうしたら夜が白々と明けける頃になると、感極まり、涙がぼろぼろ出てきてしまった。それで俺がこれだけ感激したのだから、五千人ぐらいは何とか読んでくれるのではないかと考え、これを出させて頂きますと返事をした。

『少年期』はベストセラーになり、神吉さんはテーマがよければ、著者は有名人でなくてもかまわないということを認識する。そこから安田徳太郎の『人間の歴史』などへもつながっていく。

58 創作出版というエディターシップ

――『少年期』は一九五〇年のベストセラーで、刊行半年で四十万部を超えたといいますから、神吉はこれでベストセラーと広告のコツをつかんだ。
植田 それから創作出版というエディターシップを推進していく。編集者が企画し、テーマを設定し、そのテーマに合った執筆者を見つけ、執筆者に原稿を依頼したら、徹底的に執筆者に対して注文をつける。神吉さんはそれを実践することで、書籍編集におけるエディターシップを発揮した最初の人物だったのではないかと思っています。

そうしたひとつの例として、神吉さんは次のようなことを話してくれました。教育学者の城戸幡太郎さんが戦前に岩波書店から幼児教育論の本を刊行していて、それを光文社で出させてもらおうと考え、交渉しにいった。それは読者対象である幼稚園の先生には内容が難しいので、少し書き直してくれませんかという依頼も含んでいたわけです。

そうしたら城戸さんが怒ってしまい、幼稚園の先生がちゃんと勉強して俺の本を読めばいいんだと頭ごなしにどなったらしい。それでこの著者は光文社とは縁がない人だと思い、神吉さんは引き下がった。この例は日本の学者の意識の一端を示しているのですが、神吉さんは創作出版というエディターシップをぶつけることで、そうした戦前からのアカデミズムの意識に対して、アンチテーゼを提出したことになるわけです。

大宅さんも名コピーライターでしたが、神吉さんもブームの発端を仕掛けるかのようなタイトルをカッパ・ブックスにつけている。加藤正明『異性ノイローゼ―歪んだ性行動の心理診断』や坂本藤良『経営学入門―現代企業はどんな技能を必要とするか』などで、心理学の「ノイローゼ」、経済学の「経営学」を流行語やブームへと導き、それが最も成功したのが岩田一男『英語に強くなる本』で、ミリオンセラーを記録することになった。

――おそらくこの『英語に強くなる本』は小川菊松の『日米会話手帳』に匹敵するも

のでしょうね。
神吉の創作出版のすべてが実現していれば、カッパ・ブックスのラインナップはかなり面白かったと思うのですが、残念ながら日の目を見なかった。色んな著者たちに頼んだようで、花田清輝の『革命』とかもあったらしい。澁澤龍彥『快楽主義の哲学—現代人の生き甲斐を探求する』、金子光晴『絶望の精神史—体験した「明治百年」の悲惨と残酷』、荒正人『小説家—現代の英雄』、山田宗睦『危険な思想家—戦後民主主義を否定する人びと』、杉浦明平『細胞生活—共産党員の悲しみと喜び』、三島由紀夫『葉隠入門—武士道は生きている』などはそうした産物なんでしょうか。

植田 そうですね。これらの他に企画が実現しなかったものも多くあったようで、そこら辺が創作出版の難しいところだったんでしょうね。それは神吉さんの不幸な晩年と重なるようでもあり、色々と考えさせられます。
それも含めて神吉さんのことで付け加えておかなければならないのは、戦後を通じてずっと書籍の編集者だったことです。大手出版社の経営者になると、編集の現場からは離れてしまいますが、神吉さんは一貫して創作出版の編集者だった。これはとても重要なことだと思います。

これは後でふれる書評の問題とも絡んでいるのですが、日本の出版業界は雑誌を主流としていることもあって、必然的に編集者が若いことを要請される。特にマス雑誌は月刊誌にしても週刊誌にしても、何よりも体力が必要だから、若くないとこなせない。例えば編集長が四十代だとすると、部下たちは当然それより下になるし、執筆者たちもそれに準じるようになる。そのほうがすべての点において、編集長にとっては仕切りやすいからです。それを繰り返していくので、雑誌編集の世界は絶えず若返っていくけれども、そこから外された中高年編集者は管理職になるしかない。

これが問題なのは若い執筆者の発掘には向いているが、中高年の執筆者たちをフォローするシステムとなっていないことです。日本もかつてない高齢化社会を迎えているし、それは編集者にしても執筆者にしてもしかりなんですが、そういった分野における書籍のエディターシップが確立していない。そういう視点から考えると、雑誌優位の日本の編集において、神吉さんは書籍編集者としての独自の道を歩もうとした出版人ではなかったかと思うんです。

59　出版構造、流通販売、書評問題

――それはよくわかりますね。そういったことが最もよく表れているのは現在の書店で、ＤＶＤレンタルなどを兼ねている複合店により顕著です。若い客層をメインにしているので、商品構成もそれに合わせていて、現在の高齢化社会と見合っていない。それはショッピングセンターも同様です。

そういった複合店やショッピングセンター内の書店で売られている雑誌に書評コーナーが必要かといったら、おそらく必要ではないでしょう。もしあったとしてもお座なりでしょうし、力も入っていない。だからかつては雑誌メディアが有していた書評機能というものもやせ細り、雑誌書評と書籍の連関性も失われてしまった。

植田　僕は大学で教えるようになってから、書評について話すことをよく求められたので、実は色々と考え、調べてみたのです。

――つまりどうして日本では書評が根づかず、書評誌が成立しないのかということに関してですね。

植田　そうです。それは日本の出版構造と流通販売の問題に発しているという結論に至りました。

欧米の場合、書籍と雑誌は流通も販売も異なり、雑誌は別のルートで売られ、書店は書籍を売ることで成立している。だから欧米では読者にしても書店にとっても本を選ぶために書評が必要だし、それはジャーナリズムも同様で新聞もそれを認識しているので、別刷りのようなかたちで書評特集が出されている。それもあって書評も評論の一分野として確立し、長い書評も掲載が可能である。またそういう書物をめぐる伝統から考えても、様々な書物批評はあって当然だし、そこに書評が成立する事情がある。

ところが日本の場合、雑誌と書籍が混在し、それは書店も同じだし、しかも雑誌が主で、書籍が従となっている。こういった出版業界の構造と風土の中では本当の書評の場というものは生まれないのではないかとも思うようになった。長年書評紙の世界に携わってきての結論としては本当に内心忸怩たるものがあるわけだけれど、これもまた日本の出版の現実ではないかと再認識するに至った。

―― それは日本の近代出版業界が負った宿命みたいなものなんですね。

日本の近代出版流通システムというのは大手出版社のマス雑誌を中心にして構築され、

それが現在に至るまで続いてきた。例えば、書協の中心にいるのは講談社、小学館、集英社、ＫＡＤＯＫＡＷＡで、これらは雑誌、コミック、文庫が中心だし、文芸出版社とされる新潮社や文藝春秋にしても、雑誌、文庫、新書が主で、単行本は従です。だからきちんとした書評を必要とする本がどれだけ出されているかというと心もとないというしかない。ただそうはいっても近代出版によって膨大な本が出されてきた。だがそれはほとんどがオーソドックスに書評されずに終わってしまい、そのまま埋もれてしまった。そのような本が多いのではないか、それが日本の出版の宿痾ではないかとも思っています。ずっと新聞と雑誌の書評の域を脱しないままできてしまった。

植田　『週刊読書人』創刊号で、佐藤春夫が「批評のない国—現代の書評とジャーナリズム」を書いたのはまさにそのとおりだったことになるのかな。

——　書評紙の代わりを務めたのが戦前では取次の『東京堂月報』、戦後では岩波書店の『図書』を始めとする出版社の各ＰＲ雑誌ですが、それらは書評というよりも本の紹介に重点が置かれていたので、書評の役割はほとんど果たしていない。『週刊読書人』も『東京堂月報』を前身にして始まっていることを考えると、紹介と広告と書評を兼ねる内容ですし、ページ数からいっても限界があることは歴然です。

植田　そういう日本の書評紙の限界は関係者も自覚していて、戦後に日本出版協会が『日本読書新聞』を出しながら『書評』という月刊誌を出していたことがあった。これは柴田錬三郎が編集長だったそうですが、やはりこれも続かなかった。本当に日本の場合は書評雑誌が成立しない。かろうじて成立するのが週刊で広告掲載が可能な書評紙ということになってしまう。

60　出版危機と書評の衰退

――　だからそれを新聞も見習い、週刊ベースから抜け出せない。『本の雑誌』は月刊だけれど、これはかつてエンターテインメントのための水先案内人的役割を果たし、冒険小説やミステリーの隆盛に寄り添っていたにしても、現在ではもはや書評雑誌とはいえないし、本屋大賞のためのものと考えてもいい。

とにかく出版業界も危機にありますが、書評のほうも本当に寒々しい感じがする。それはとりわけ新聞書評に顕著だし、この数年まともな書評を見たことがない気がします。

植田　それは書評をする人たちの多様性が失われたこととも関連しているんでしょう

ね。大宅さんみたいな在野の書き手もいなくなってしまったし、かつて多くいた雑学に通じた執筆者も少なくなってしまった。

――草森紳一が最後じゃないですか。もう一人海野弘がいますけど。

植田　以前は文芸評論家もいた。でも、今は消えてしまったといっていいし、みんなが大学の教師になってしまった。もっとも僕もそうだったから、他人のことはいえませんが。

――文芸評論家で連想しましたが、そう名乗っている人の文章はそれなりに読ませるものを持っていた。ところが大学の教師の場合はえてして文章がひどすぎる。書評を頼まれ読んだのですが、内容はともかく文章がひどすぎる。接続語の「が、」が何千とある。「しかし」とか「ところで」とか「けれども」とか使い分ければいいのに、「が、」だけを使っていて、後書きだけでも二十以上あった。そんなことを書評で指摘するのも気の毒かと思い、編集者に口頭で伝え、著者への伝言を頼んだけれど、伝わったかどうか。言葉に対して無神経すぎるし、本当に文学研究者かと疑わざるをえない。

植田　そうした言葉の問題もそうですが、僕が気になっているのはメールの発達で、編集者が著者と直接会わないですますようになっていることです。また著者のほうもなまじ編集者に会いにこられるよりはいいという人が増えているとも聞いている。

しかしこれは何か変な能率主義のように思えてならない。やっぱり会って話していると、今は書いてもらえないにしても、この人が何を考えているかということはわかる。ところがメールですませてしまえば、それきりですからね。ある新書編集長の話を聞いたことがありますが、メール時代になってから著者の精神の動きと書き下ろしの進行の連関がわからなくなったといいます。前は進行具合を尋ねる意味もあって会って飲んだりしていたので、それがわかったが、今はその中間がなくなり、いきなり原稿が送られてくる。ところが問題なのはその原稿のオリジナリティを編集者として確認できないことで、剽窃も多々あるというのです。それはすべて著者とのコミュニケーション不足によっているとのことです。

まあこれらの問題は通信手段の変化やIT機器の受容と不可分ですが。

――植田さんはどうなんですか。

植田 ワープロに関しては紀田順一郎さんなどが早かったし、パソコンは猪瀬直樹さんが同様に早かった。でも僕自身はとうとうやらずじまいできてしまった。それは書家の石川九楊さんの影響を受けたこともあります。

石川説によると、事務的な文章はワープロ、パソコンでもかまわないが、自己表現だけは絶対に手書きで、しかもそれは縦書きでなければならないというもので、それだったらもうパソコンは習わないですまそうと思ってしまった。それで必要な場合は会社の人に頼んでいますが、メールもやっていない。

ただ僕の場合はロートルの立場ですので、かろうじて許されますが、若い人だったらそんな横着をしていられないでしょうね。

――しかしそれで書評の現場が活性化したとも聞いていない。ある全国紙の新聞の話を聞きましたが、書評欄担当者は二人しかいないようです。それで第一にチェックしなければいけないのはタイトル、著者名、出版社名、定価で、これらがちがったりしている場合もあるので、まずそれらをきれいにしなければならない。それから小説の場合、ストーリーが合っているのかを確認する。書評によっては半分しか読まないで書いているとしか思えないものもあるらしいんです。そうするとこれらをチェックするだけで大変で、書評の良し悪しをいってられない。

61　書評紙の現在

植田　それは書評以前の問題で、書評家が育つ環境ではない。かつては本をもらえるからうれしいといって書評してくれた人もいましたが、今ではそういった書評委員は新聞の世界からは消えてしまったのでしょうね。

書評紙の世界はそこまでいっていないと思いますが、書評紙を支える執筆者の世界を再編することの難しさを感じている。今の段階で、先に挙げた『読書大全』や『読書日録大全』のような書き手を揃えることができるかといったら、ちょっと無理でしょう。

以前は、『現代マスコミ・スター』のご縁で『週刊読書人』に永六輔さんが「活字ジョッキー」という連載を引き受けて下さり、お忙しいのに毎週書かれ、書評紙にふさわしい読み物だった。今は田原総一朗さんの「取材ノート」が長い連載です。それから塩澤実信さんの出版に関する連載も長いもので、『出版社の運命を決めた一冊の本』（流動出版、出版メディアパル）を始めとする出版三部作を出された頃からのつき合いが長い連載に結びついています。

――それらの他に今でも植田さんが企画した連載が続いてますよね。

植田 前にもいいましたが、「読書人コーナー」というページでの総合雑誌と文芸雑誌の予告、これは六七年からですので、連綿と半世紀近く続いた。でも消えていった雑誌もあり、昔だったら『現代の眼』、近年ですと『噂の真相』が思い出される。文芸雑誌だと『海』ですね。

総合雑誌と文芸雑誌の予告にはヒントがありまして、『毎日新聞』が学芸欄で、発売以前の総合雑誌の内容を紹介していた。これは面白いなと思っていたら、それほど続かずに止めてしまった。それでは『週刊読書人』でやろうと考え、始めたわけです。ですからあれはオリジナルではなく、物まね企画なんですけど、本当に長続きしましたが、昨年で連載が終わりました。

――各雑誌の内容はそれぞれの雑誌が事前に送ってきたのですか。

植田 最初は電話による取材で始めました。そのため昔は聞き間違いがあったりして、新潮社などは近かったのでわざわざコピーを届けてくれたりもしましたが、最近はファックスかメールでした。文芸雑誌は毎月七日発売の新聞広告よりも早く載せることを原則にして、十二字詰十三行ぐらいですけど、各雑誌の編集部も有難いと思ってくれていたようです。そういえば、坪内祐三さんが『本の雑誌』で「読書人コーナー」が文芸雑誌の新聞広告よりも早く内容を知らせてくれるので、ずっと見ていると書いていました。やはり長く続いたのは愛読者の存在があるのだと実感しましたね。書評紙にはメインの特集記事や書評以外に「読書人コーナー」のような実用的な情報記事も必要なんです。

――「活字シアター」という五百回を超える長い連載もありましたね。

植田　これは三人ぐらいで矢来神三（やらい・しんぞう）のペンネームで書いていた。ところがそのうちの一人が亡くなられて、それからは僕が書いてきた。矢来は読書人の住所が矢来町なので、それを流用してつけたものです。この連載も昨年終わりましたが、章をセレクトして『出版の冒険者たち』という題名で水曜社から単行本として刊行されます。

その後に先述したように「戦後史の現場検証」で松川事件を執筆された吉永春子さんに「闇の戦後史」という連載をしてもらおうかと思ったのですが、残念ながら実現しませんでした。第一回は日本ではなく、アメリカの炭疽菌をばらまいた事件を書いてみたいといっておられた。彼女のアメリカでの取材によると、あれは日本で報道されている以上に奇怪な事件で、アメリカの9・11事件（二〇〇一年）へとも連鎖していたようです。

――それは面白そうでしたね。その他に新しい企画としては。

植田　『ポントＰｏｎｔｏ』というタイトルのタブロイド判の増刊を出し、男女二人の編集者によって本紙でやっていない「日本の性（せい＆さが）」という特集を行いました。また新しい企画としては、四月から日刊紙で書評された本のインデックスを毎週掲載したいと思っています。新聞書評は日曜日に三、四ページ、もしくは二ページで、在京六紙が掲載しているわけですが、実際に見てみると、同じ週では書評された本がほとんどダブっていない。だから本当は六紙の書評を全部見ないと、書評の見取図がわからないのだけれど、個人では一紙か二紙を見るのがせいぜいです。そこで六紙を網羅し、どういう本が書評されているのか、リストに見出しもつけて紹介することを考えています。これからはトータルとしての書評の世界に目を向けていかなければならないと思うからです。

――それも植田さんは読書人の社長としての立場、現在の明石健五編集長体制とのバランス、これからの『週刊読書人』の展望をふまえ、進んでいかなければならないので、大変だと思いますが、御健康と御健筆を祈るというしかありません。本日は長時間にわたって有難うございました。お疲れだと思いますが、ご容赦下さい。それではまたお会いできる日を楽しみにしております。

あとがき

小田光雄さんのインタビュー・構成による「出版人に聞く」は、昨年十二月に刊行された井家上隆幸さんの巻で十六冊になった。この叢書は、一人の出版人を一冊まるごとで紹介しているため、とりあげられている人物の仕事だけでなく、プライベートな面にも照明があてられており、人間ドキュメントとしても面白く読める。

この「出版人に聞く」に私も登場することになり、昨年インタビューしてもらい、このたび、刊行のはこびとなった。本が完成するまで、最も苦労されたのは小田さんであった。こちらの記憶があいまいで、事実が定かでない部分について、小田さんは資料によって確かめ、完全を期す努力をされたからである。

小田さんは出版のみでなく、思想や文学にも精通されており、そのことで、こちらの話も発展してゆくということが、しばしばあった。そんな助けを借りて、かなり微細な部分にわたっての話をさせていただき、これまでの自分の仕事を客観視した。この本によって、私がどのように生きてきたかを振り返ることが出来たことを小田さんに感謝したい。

ただひとつ残念なのは、この本が出来る前に、郷里の島根県邑智郡美郷（みさと）町の酒谷に住んでおられた中村一長（かずなが）さんが昨年二月に亡くなられたことである。九十歳近かったので、大往生ではあったが、この人には本書を読んでもらいたかった。中村さんは田舎にいたときから、私のことをかわいがって下さり、昭和三十三年に大学に入学が決ったときは、夜、千円札を持って、赤名という町まで長い距離を歩いて行き、ごちそうして下さった。当時の千円というのは大金だったが、中村さんには赤名の地名も出てくるこの本をぜひ読んでもらいたかった。

しかし、もうおひとり私の人生でお世話になった小学校時代の恩師で、現在島根県邑智郡川本町にお住まいの山田澄子先生は八十五歳になられてもお元気なので、中村さんのかわりに本書を読んでいただこうと思っている。山田先生は私が沢谷小学校に通っていたころ、授業中に佐藤紅緑の『あゝ玉杯に花うけて』とか、いろいろな本を読んで下さった。そのことが私を出版の道に進ませるＤＮＡになった。そのため、山田先生に本書を捧げたいと思う。刊行に当っては小田光雄さんと森下紀夫社長をはじめ論創社の皆さんにお世話になったので、心からお礼を申し上げたい。

二〇一五年三月

植田　康夫

植田康夫（うえだ・やすお）
1939年広島県生まれ。62年上智大学文学部新聞学科卒業と同時に「週刊読書人」編集部に勤務。89年同退社後、上智大学文学部新聞学科助教授、92年から2008年3月まで同教授、09年4月に同名誉教授となる。08年4月より読書人取締役に復帰し、「週刊読書人」編集主幹、編集参与を経て13年4月より読書人代表取締役社長。2000年から08年まで日本出版学会会長。著書に『現代マスコミ・スター』『現代の出版』『編集者になるには』『メディアの狩人』『ベストセラー考現学』『本は世につれ』『雑誌は見ていた。』『自殺作家文壇史』など。

『週刊読書人』と戦後知識人——出版人に聞く⑰

2015年4月20日　初版第1刷印刷
2015年4月25日　初版第1刷発行

著　者　植田康夫
発行者　森下紀夫
発行所　論 創 社
東京都千代田区神田神保町 2-23　北井ビル
tel. 03（3264）5254　fax. 03（3264）5232　web. http://www.ronso.co.jp/
振替口座　00160-1-155266
インタビュー・構成／小田光雄　装幀／宗利淳一
印刷・製本／中央精版印刷　組版／フレックスアート
ISBN978-4-8460-1415-5　

『出版人に聞く』シリーズ⑥〜⑯　本体各 1600 円

⑥震災に負けない古書ふみくら◉佐藤周一
著者の出版人人生は取次でのバイトに始まり、図書館資料整備センター、アリス館牧新社、平凡社出版販売、そして郡山商店街に古書ふみくらが誕生！

⑦営業と経営から見た筑摩書房◉菊池明郎
1971 年に筑摩書房に入社した著者は、99 年には社長に就任する。在籍 40 余年の著者が筑摩書房の軌跡を辿り、新しい理念として時限再販を提言する。

⑧貸本屋、古本屋、高野書店◉高野肇
1950 年代に日本全国で貸本文化が興隆し、貸本屋が 3 万店をこす時代もあった。60 年代に古本文化に移行するが、その渦中を生きた著者の古本文化論。

⑨書評紙と共に歩んだ五〇年◉井出彰
1968 年、日本読書新聞に入社。三交社などを経て、88 年より『図書新聞』代表に。多くのエピソードをもって、書評紙の編集と経営の苦闘の日々を語る。

⑩薔薇十字社とその軌跡◉内藤三津子
新書館、天声出版から、薔薇十字社、出帆社へと歩みを続け、三島由紀夫・寺山修司・澁澤龍彦らと伴走した日々。伝説の女性編集者の軌跡を辿る。

⑪名古屋とちくさ正文館◉古田一晴
“名古屋に古田あり”と謳われた名物店長による名古屋での定点観測と出版業の将来。現場に携わる立場からブックフェアによる時代の変化を語る。

⑫『奇譚クラブ』から『裏窓』へ◉飯田豊一
三島由紀夫や澁澤龍彦が愛読した伝説的雑誌の舞台裏が明らかに！　一投稿作家から『裏窓』編集長となった著者の遺著となったアブノーマル雑誌出版史。

⑬倶楽部雑誌探究◉塩澤実信
“中間小説雑誌”勃興とともに姿を消した倶楽部雑誌とは何だったのか。初めて語られる倶楽部雑誌の世界と大衆文学の起源を探る物語。

⑭戦後の講談社と東都書房◉原田裕
出版芸術社の経営に携わる著者の 1946 年講談社入社から始まった出版人生。「東都ミステリー」の仕掛人が語る国内ミステリーの誕生と戦後出版史。

⑮鈴木書店の成長と衰退◉小泉孝一
敗戦直後から今日までの流通ルート〈出版社―取次―書店〉の実像が初めて語られる。2001 年に倒産した人文専門取次の鈴木書店、50 年の証言！

⑯三一新書の時代◉井家上隆幸
1958 年に三一書房に入社し、60 年安保闘争・70 年大学闘争に編集者として対峙した著者が明かす、新書の先駆け「三一新書」の全貌。